T0146752

Sammlung Metzler
Band 257

Thomas Schmitz

Das Volksstück

J. B. Metzlersche Verlagsbuchhandlung
Stuttgart

Für Juliane

CIP-Titelaufnahme der Deutschen Bibliothek

Schmitz, Thomas:
Das Volksstück / Thomas Schmitz
– Stuttgart : Metzler, 1990
(Sammlung Metzler; Bd. 257)
ISBN 978-3-476-10257-7
NE: GT

ISSN 0058-3667
ISBN 978-3-476-10257-7
ISBN 978-3-476-03960-6 (eBook)
DOI 10.1007/978-3-476-03960-6

SM 257

© 1990 Springer-Verlag GmbH Deutschland
Ursprünglich erschienen bei J. B. Metzlersche Verlagsbuchhandlung
und Carl Ernst Poeschel Verlag GmbH in Stuttgart 1990

Inhalt

Vorwort

Der Begriff *Volksstück* wird erst gebräuchlich in der Mitte des 19. Jahrhunderts. Gleichzeitig vollzieht sich an den *Volkstheatern* ein Strukturwandel, der dazu führt, daß das traditionelle Publikum diese Theater nicht mehr besuchen kann.

Die Diskrepanz zwischen dem Anspruch, Volksstücke zu schreiben, und der Schwierigkeit, das Volk mit diesen Stücken zu erreichen, schlägt sich nieder in der immer wieder erhobenen Forderung nach der Erneuerung des Volksstücks und, im Zusammenhang damit, in der Frage, wie ein Volksstück zu sein habe. So konstituiert sich die Idee *Volksstück* immer wieder neu, vor allem in Abhängigkeit von den jeweils mit dem Begriff *Volk* verbundenen Vorstellungen.

Der vorliegende Band soll als Einführung in die verschiedenen Theorien von *Volksstück* dienen. Dabei geht es nicht darum, den zahlreichen Interpretationen von einzelnen Stücken weitere hinzuzufügen. Vielmehr stehen die Äußerungen von Autoren und Kritikern des Volksstücks und die wissenschaftliche Aufarbeitung der Volksstücktheorien im Mittelpunkt der Darstellung.

Im ersten Teil wird den Begriffen *Volksstück* und *Volkstheater* nachgegangen, sowie im historischen Überblick unterschiedlichen Erscheinungsformen von Volkstheater.

Der zweite Teil stellt exemplarisch einige Volksstückautoren mit den ihren Stücken zugrunde liegenden Theorien, ihrem Verhältnis zur Volksstück-Tradition und ihrer Wirkung auf das Publikum vor.

Trotz des seit Mitte der 70er Jahre zunehmenden wissenschaftlichen Interesses am Volksstück gibt es auch heute noch erhebliche Forschungslücken. Das mag auch ein Grund dafür sein, daß es bisher keine Gesamtdarstellung des Volksstückes gibt. Dieser Band möge dazu dienen, das Interesse am Thema wachzuhalten und zur weiteren Beschäftigung mit dem Volksstück anzuregen.

I Volkstheater und Volksstück: Begriff und Geschichte

1. Niedergang

Die Geschichte des Volkstheaters und des Volksstückes ist seit etwa 1830 immer wieder begleitet von der Feststellung seines Verfalls. Theaterkritiker stellen zu allen Zeiten den Verfall des Genres fest; oft übernimmt die Wissenschaft später die inzwischen historisch gewordene Kritikermeinung und tradiert so die Idee vom Niedergang des Volksstückes. Auch die Dramatiker selber konstatieren direkt oder indirekt den Verfall der Gattung, den sie durch Erneuerung und Verbesserung zu überwinden trachten: Nur zu bekannt ist die immer wieder zitierte Feststellung Brechts über das »gewöhnlich krude und anspruchslose« Volkstheater, das es zu verbessern gälte. (»*Anmerkungen zum Volksstück*« in: Brecht: GW 7, Schriften zum Theater. S. 1162–1169).

Schon 1833 hatte Willibald Alexis über das Wiener Volkstheater geschrieben: »mit jenem beweglichen, von der Lust geborenen, vom Moment täglich Nahrung schöpfenden Volkstheater ist es aus.« (Wiener Bilder. S. 218.) Derartige Stimmen finden sich während der ganzen Schaffenszeit Nestroys. So hieß es in den ›Sonntags-Blättern‹ vom 12. November 1843:

»... daß wir nicht nur kein Volkstheater, sondern auch nicht einmal mehr eine Lokalposse haben, und daß was sich unter diesem Titel täglich vor unsern Augen lang und breit macht, diesen Namen nur usurpirt ...« (zit. nach Nestroy, SW, Stücke 20, S. 167; ähnlich äußert sich auch ›Der Humorist‹ am 20. Nov. 1843, ebd. S. 181–191.)

und 1838 im ›Österreichischen Morgenblatt‹ vom 19. März:

»Nestroy ist allein der Mann, der das in neuester Zeit so sehr in Verfall gekommene Feld der Lokalposse noch ein wenig aufrecht erhält ...« (zit. nach Nestroy, SW, Stücke 14, S. 181.)

Auch anläßlich großer Erfolge Nestroys nehmen die Kritiker Gelegenheit, den ansonsten so bedauerlichen Verfall des Volkstheaters zu beklagen (z.B.Saphir in der ›*Theaterzeitung*‹ vom 30. Sept. 1834; in: Nestroy, SW, Bd 8, S.159–161; oder am 13. Mai 1846 Raudnitz ebenfalls in der ›*Theaterzeitung*‹; ebd. S. 344–346).

Die vormärzlichen Niedergangsbeschreibungen versucht Erich Joachim May als ideologisch zu interpretieren: Er setzt sich dabei vor allem mit dem Kritiker M. G. Saphir (1795–1858) auseinander. Aus seiner Verherrlichung des alten Volksstückes kommt Saphir zu der Forderung, das Volkstheater habe das Volksleben humorvoll zu idealisieren. Dadurch werden die tatsächlichen gesellschaftlichen Widersprüche verschleiert. Demgegenüber steht die fortschrittliche, von Saphir angegriffene Volkstheaterproduktion. Mit Durchsetzung der politischen Satire auf dem Theater hat diese die adäquate Form zur Beschreibung der gesellschaftlichen Widersprüche und zur Aktivierung des Publikums in Vorbereitung der Revolution von 1848 gefunden. (S. 44–66 u. S. 344.)

1884 resümiert Friedrich Schlögl in seinen Erinnerungen und Aufzeichnungen » *Vom Wiener Volkstheater* «

»Alle zusammen tragen Schuld an den heutigen Zuständen der Wiener Volksbühne: Publicum, Directoren, Dichter, Schauspieler und Kritiker. Mit vereinten Kräften arbeitete man an dem Verfalle und endlichen Niedergange derselben.«

Ganz ähnlich beschreibt dann 1952 Otto Rommel in seiner großen Monographie » *Die Alt-Wiener Volkskomödie* « Nestroys Stellung in der Geschichte des Volkstheaters als Höhepunkt und Abschluß einer Epoche. »Die Geschichte der Volkskomödie nach Nestroys Abgang ist die Geschichte eines Zersetzungsprozesses« (S. 974), den auch Anzengruber nicht mehr aufhalten konnte. Dieses Urteil wird nachfolgend in der Literatur über das Volkstheater vielfach tradiert.

Rommel benennt wie Schlögl als wesentliche Ursachen dieses Verfalls tiefgreifende soziale Veränderungen, die den »organische[n] Zusammenhang der volkstümlichen Bühne mit dem ›Volke‹« zerstörten (S. 973) und als neue, zeitgemäße Gattung die Operette nach sich zogen. In gleicher Weise wird die »Verdrängung« des Volksstückes durch die Operette in der » *Deutsch-Österreichischen Literaturgeschichte* « von Nagl, Zeidler, Castle beschrieben (Bd 3; S. 312–344).

In einer Untersuchung » *Zum sogenannten Niedergang des Wiener Volkstheaters* « weist Helga Crößmann darauf hin, wie zweifelhaft und widersprüchlich diese Niedergangskonzeption ist. Sie resultiert aus der Verherrlichung der Epoche vor Nestroys Tod und der gleichzeitigen emotionalen Abwehr der nachfolgenden Zeit (S. 59). Dabei weisen Nagl, Zeidler, Castle ebenso wie Rommel durchaus schon darauf hin, daß auch in der

zweiten Hälfte des 19. Jahrhunderts Volksstücke an den Volkstheatern gespielt wurden (z.B. Nagl, Zeidler, Castle S. 335);
und Crößmann belegt das anhand eines umfangreichen Corpus
von Stücken. Es wird auch gesehen, daß die Operette die adäquate Form der neuen Zeit ist (so z.B. Rommel S. 975). Durch
die isolierte Betrachtung beider Perioden aber verstellen sie sich
den Blick für die Erkenntnis einer eigentlich äußerst produkti-
ven *Entwicklung* des Volkstheaters, so daß Crößmann als Ergebnis gegen die Niedergangskonzeption festhalten kann, »daß
der sogenannte Niedergang des Wiener Volkstheaters eine au-
ßerordentlich schöpferische Periode ist, in der die Operette eine
Blütezeit erlebt.« (S. 63.)

Einleitend zu ihrem Artikel schreibt sie (S. 48):

»Der Verdacht ist deswegen naheliegend, daß das Wehklagen der Zeitgenossen über die schlimme neue Zeit auch die späteren Kritiker zu einer romantischen Verklärung der Erinnerung geführt hat, die das Alt-
Wiener Volkstheater fast zu einem Mythos erhebt.«

Es liegt in der Natur des Begriffes *Niedergang*, daß bei seiner-
Verwendung von einer absolut gesetzten Wertvorstellung aus-
gegangen werden muß, von der aus dann der Niedergang bestimmt werden kann. Liegt den Verfallskonzeptionen eine
wertkonservative Haltung zu Grunde, so spricht aus ihnen nur
die Klage über den Verfall und das bevorstehende Ende. Andererseits impliziert die Rede vom Niedergang auch immer mehr
oder weniger stark den Gedanken an sein Gegenteil, an Aufstieg
oder Fortschritt. In der Geschichte der Volktheateridee ist dafür Brecht mit seinen *»Anmerkungen zum Volksstück«* gutes
Beispiel: Hier wird aus der Feststellung des Verfalls die Forderung nach einer Erneuerung abgeleitet.

Auch sind Verfallskonzeptionen abhängig vom zu Grunde
gelegten Zeitmaß. Wird ein relativ kurzer Zeitraum überblickt,
so läßt sich leicht Niedergang feststellen, während im Anblick
längerer Zeiträume ein ständer Wechsel von auseinander hervorgehenden Verfalls- und Fortschrittserscheinungen erkannt
werden kann.

Zum Problem des Niedergangs vgl. Paul *Widmer*: Niedergangskonzeptionen zwischen Erfahrung und Erwartung und Horst *Günther*: Zeit
und Bewußtsein im historischen Denken.

Eine Geschichte des Volkstheaters müßte nicht nur eine von
Niedergangskonzeptionen freie Beschreibung des Genres geben, sondern auch den Gründen für die immer wieder auftre-
tenden Verfallsurteile nachgehen (Crößmann S. 63).

Literatur

Alexis, Willibald: *Wiener Bilder*. Leipzig 1833.

Brecht, Bertolt: *Gesammelte Werke. Bd 7: Schriften 1: Zum Theater*. Frankfurt a. M. 1967.

Crößmann, Helga: *Zum sogenannten Niedergang des Wiener Volkstheaters*. In: Zeitschrift für Volkskunde. Jg. 71, 1975. S. 48–63.

Deutsch-Österreichische Literaturgeschichte. Hrsg. von J. W. Nagl, J. Zeidler, E. Castle. Bd 3. Wien 1935.

Günther, Horst: *Zeit und Bewußtsein im historischen Denken*. In: Niedergang. Studien zu einem geschichtlichen Thema. Hrsg. von Reinhart Koselleck u. Paul Widmer. Stuttgart 1980. (Sprache und Geschichte. Bd 2.) S. 31–40.

May, Erich Joachim: *Wiener Volkskomödie und Vormärz*. Berlin (DDR) 1975.

Nestroy, Johann Nepomuk: *Sämtliche Werke*. Hist.-krit. Gesamtausg. Hrsg. v. Jürgen Hein u. Johann Hüttner. Stücke. Bd 14 u. 20. Wien 1982 u. 1986.

Nestroy, Johann Nepomuk: *Sämtliche Werke*. Hist.-krit. Gesamtausg. Hrsg. v. Otto Rommel. Bd 8. Wien 1926.

Rommel, Otto: *Die Alt-Wiener Volkskomödie*. Wien 1952.

Schlögl, Friedrich: *Vom Wiener Volkstheater. Erinnerungen und Aufzeichnungen*. Wien 1884.

Widmer, Paul: *Niedergangskonzeptionen zwischen Erfahrung und Erwartung*. In: Niedergang. Studien zu einem geschichtlichen Thema. Hrsg. von Reinhart Koselleck u. Paul Widmer. Stuttgart 1980. (Sprache und Geschichte. Bd 2.) S. 12–30.

2. Der Begriff

Die Begriffe *Volksstück* und *Volkstheater* sind erstmals zu belegen gegen Ende des 18. Jahrhunderts. Das Deutsche Wörterbuch zitiert Nicolai (1784) bzw. Goethe (1825); Hugo Aust findet den ersten Beleg für *Volksstück* bei J.M.R. Lenz 1774. Als Gattungsbezeichnung im engeren Sinne wird der Begriff nicht verstanden. Lenz verwendet ihn, um Shakespeares Stücke, in denen handelnde Personen aus allen gesellschaftlichen Ständen auftreten, gegenüber jenen Stücken zu charakterisieren, die mit der Gattungsbezeichnung zugleich die ständische Zuordnung des Personals festlegen. (Aust, S. 22.)

Außerdem wird der Begriff verwendet, um den Adressaten der Stücke zu bezeichnen: *Volksstücke* sind eben Stücke, die sich an das Volk richten. Im entsprechenden Sinne ist das *Volkstheater* – egal ob als Summe von Stücken, als Institution oder als

Gebäude – das Theater des Volkes, im Gegensatz zum *Hoftheater* als Theater allein der gehobenen Stände. So auch der Gebrauch des Begriffes bei Goethe im Brief an Zelter vom 11. April 1825. Es ist also nicht verwunderlich, daß z.b. noch Nestroy nur eines seiner Stücke als *Volksstück* bezeichnete und bis heute die Stücke des Volkstheaters die unterschiedlichsten Bezeichnungen tragen. Diese reichen von *Zaubermärchen* über *Lustspiel* und *Posse* bis hin zu *Schwank* und *Operette*. Erst in der zweiten Hälfte des 19. Jahrhunderts wählen die Autoren die Bezeichnung *Volksstück* häufiger. Von den 266 Stücken des Volkstheaters aus dieser Zeit, die Helga CRÖßmann untersuchte, tragen jedoch nur ein Fünftel eine entsprechende Bezeichnung *(Volksstück, Volkskomödie, Bilder aus dem Volksleben).* (S. 50–52.)

Die Verwendung des Begriffs überwiegend in der Theatertheorie und -kritik macht deutlich, was schon aus ihm selber spricht: Es geht um das *Volk* und seine Beziehung zum Theater, d.h. also weniger um gattungspoetische denn um produktions- und rezeptionsästhetische Phänomene, nicht zuletzt um Ideologie. Was jeweils unter *Volksstück/Volkstheater* verstanden wird, ist unmittelbar abhängig sowohl davon, was unter *Volk* verstanden wird, als auch von der Einstellung, die diesem Volk gegenüber besteht. So ist die Verwendung der Begriffe zumeist mit einer Wertung verbunden: *Volk* kann ebenso den Pöbel meinen, wie den unverbildet natürlichen Teil der Bevölkerung, es kann die große Masse meinen wie die Nation, das Proletariat wie das Kleinbürgertum.

Die Definitionen im »*Allgemeinen Theaterlexikon*« von 1842 zeigen beispielhaft die Spannweite des Begriffs ebenso wie seine wertende Verwendung:

»Volksstücke nennt man gewöhnlich die mit vielem Aufwande an Personal, Statisten, Decorationen u.s.w. ausgerüsteten Productionen, die die Massen anziehen; eigentlich aber sind V. solche, die aus dem Volke herauswachsen, Sitten und Charakter, Thaten und Erfolge, Wünsche und Bedürfnisse desselben verkörpern; eine Gattung von Stücken, die nicht allein das Volk angezogen, sondern auch erhoben und veredelt hat, die wir aber in Deutschland nicht haben, weil uns bei unsrer unheilvollen Zersplitterung jedes Volksthümliche fehlt, die Censur aber die Geschichte zum Theil unzugänglich macht und unsre Wünsche und Bedürfnisse nicht zum Ausdruck kommen läßt. Aus diesem Grunde haben wir auch kein
Volkstheater, hier im Sinne des Nationaltheaters angenommen. Was man in Deutschland V. nennt, die Theater 2. und 3. Ranges in großen

Städten, die Zauberpossen, Spectakelstücke und Lokalsachen geben und dadurch die Menge locken, sind bösartige Auswüchse des Volkslebens, die man seiner gesunden Natur gewaltsam eingeimpft hat; Pflanzschulen der Gemeinheit, Unsittlichkeit und Gesinnungslosigkeit, deren Untergang man nur mit Jubel begrüßen könnte. Aber diese verderblichen Anstalten zieht die Preßpolizei, die doch über Moral und Sitte zu wachen behauptet, nicht in ihren Bereich.« (Bd 7. S. 174.)

An der Vieldeutigkeit der Begriffe hat sich bis heute nichts geändert. Zum Volkstheater gehören die Millowitsch-Bühne in Köln und das Ohnsorg-Theater in Hamburg ebenso wie die Stücke Martin Sperrs und Franz Xaver Kroetz'.

Literatur

Aust, Hugo; Peter Haida, Jürgen Hein: *Volksstück. Vom Hanswurstspiel zum sozialen Drama der Gegenwart.* München 1989.
Allgemeines Theater-Lexikon oder Encyklopädie alles Wissenswerthen für Bühnenkünstler, Dilettanten und Theaterfreunde. Hrsg. von R. Blum, K. Herloßsohn, H. Marggraff. Altenburg und Leipzig 1842.

3. Definitionen

Um der Vielfalt der Erscheinungsformen von Volkstheater gerecht werden zu können, beschreibt Roger Hudson 1971 fünf verschiedene Typen:

1. »Popular Theatre«
Vom Unternehmer mit dem Ziel möglichst großen finanziellen Gewinnes betrieben, soll es eine möglichst große Zahl von Zuschauern erreichen. Es dient nur der Unterhaltung und soll den Zuschauer belustigen, entspannen und ablenken von seinen alltäglichen Problemen. Es kann dabei die unterschiedlichsten Formen annehmen.

Als Beispiel für diesen Typ untersucht Johann Hüttner das Melodram in London, Paris und Wien im 19. Jahrhundert. Auch die Beschreibung von »volkstümliche[n] Strukturen des Fernsehspiels« durch Karl Veit Riedel verweist auf Formen diesen Typs.

2. »Social Theatre«
Dieses Theater will ein Arbeiterpublikum oder ein dem Theater eher fernstehendes Publikum erreichen, um es zu erziehen und

zu bilden. Dazu bedient es sich sowohl solcher Stücke, die zu diesem Zweck von bürgerlichen Autoren geschrieben wurden, als auch Klassiker-Aufführungen oder der Aufführungen moderner sozialkritischer Stücke. Beispiel hierfür ist u.a. die Volksbühnen-Bewegung.

In die Kategorie »social theatre« bezieht Hudson auch den Einsatz von Theaterarbeit im Schulunterricht, den schulischen Theaterbesuch und Theater als Therapieform ein.

3. »Working Class Theatre«

Arbeitertheater meint in diesem Zusammenhang Theater, die überwiegend von Arbeitern besucht werden, und in denen aus dem Gefühl der Klassen-Solidarität heraus Stücke anders rezipiert werden als die gleichen Stücke in einem bürgerlichen Theater. Gemeint sind aber auch Theater, die von Arbeiterorganisationen unterhalten oder unterstützt werden mit dem Ziel, die Klassensolidarität zu fördern.

4. »Political Theatre«

Politisches Theater soll über politische Zusammenhänge aufklären, agitieren oder politische Aktionen vorbereiten. Seine Wirkungsmöglichkeiten sind begrenzt wegen der Schwierigkeiten, das Zielpublikum tatsächlich zu erreichen oder zu interessieren. In diesen Bereich gehört auch das politische Straßentheater.

5. »Revolutionary Theatre«

Revolutionäres Theater will neue Theaterformen in einer neuen sozialistischen Gesellschaftsordnung entwickeln, und es soll die Entwicklung der neuen Gesellschaftsordnung propagandistisch und erziehend unterstützen. Hudson verweist auf entsprechende Versuche in der UdSSR und in China.

Unterschiedliche Entwicklungen und Erscheinungsformen der von Hudson in den Kategorien »Social Theatre« bis »Revolutionary Theatre« genannten Typen im 20. Jahrhundert beschreiben David Bradby und John McCormick. Der Schwerpunkt ihrer Untersuchung liegt bei der Darstellung der theaterpraktischen Bemühungen bürgerlicher intellektueller Regisseure und Autoren, durch radikale Veränderungen neues Volkstheater zu begründen. Sie beschreiben solche Versuche in Frankreich, England, USA, Deutschland und der UdSSR von Majakowski bis zum Bread and Puppet Theatre. Für Deutschland stehen im Mittelpunkt Georg Kaiser, Bert Brecht und Erwin Piscator, während Fleißer, Horváth oder gar Kroetz nicht in die Untersuchung einbezogen sind.

Roger Hudsons Typisierung von Erscheinungsformen des Volkstheaters verlangt sicher noch nach Differenzierungen innerhalb der einzelnen Gruppen und hinsichtlich der Unterschiede unter verschiedenen historischen und sozialen Bedingungen. Ihr Wert liegt darin, daß sie von den *Intentionen* ausgeht, die mit der jeweiligen Form verbunden sind. Außerdem wendet sie den Blick auch auf einige Bereiche, die in die Volkstheaterforschung bisher kaum oder garnicht einbezogen worden sind (z.B. schulisches Theater, Kindertheater).

Einen zumindest im Ansatz ähnlichen Versuch, der Vielfalt der Formen und dem Wandel im Gebrauch der Begriffe *Volksstück/Volkstheater* gerecht zu werden, unternimmt Jürgen Hein:

Er schlägt in Anlehnung an Helmut Arntzen vor, zwischen *Volkstheater als Institution* und *Volkstheater als Intention* zu unterscheiden (J. Hein: Das Volksstück, sowie Hein: Formen des Volkstheaters; H. Arntzen: Die ernste Komödie, S. 12).

Volkstheater ist Theater *vom* Volk, *fürs* Volk, über das Volk.

Volkstheater als *Institution* meint die Zusammenhänge zwischen Produktion und Rezeption. Die Institution Volkstheater ist ein Theater für die Mehrheit der Bevölkerung und steht im Gegensatz zum Theater einer Oberschicht. In Abhängigkeit von den sich wandelnden gesellschaftlichen Bedingungen ist der Wandel der Institution Volkstheater zu beschreiben, also die Veränderung der Produktionsbedingungen und -formen ebenso wie die Veränderung des Publikums.

Volkstheater als *Intention* meint vor allem die sich in den jeweiligen Stücken ausdrückende Haltung gegenüber dem Volk. Es stellt sich sowohl dar in Art und Inhalt der Stücke wie in den Vorstellungen, die sich der Produzent des jeweiligen Stücks von dem Publikum macht, das er erreichen will. Auch hier sind die Veränderungen zu beschreiben, denen die Intention Volkstheater unterworfen ist. Diese Intention kann eine kritische oder eine affirmative sein, sie kann nur unterhalten oder Bewußtsein ändern wollen.

Literatur

Arntzen, Helmut: *Die ernste Komödie. Das deutsche Lustspiel von Lessing bis Kleist*. München 1968.
Bradby, David; John McCormick: *People's Theatre*. London 1978.

Hein, Jürgen: *Das Volksstück. Entwicklung und Tendenzen.* In: Theater und Gesellschaft. Das Volksstück im 19. und 20. Jahrhundert. Düsseldorf 1973. S. 9–28.

Hein, Jürgen: *Formen des Volkstheaters im 19. und 20. Jahrhundert.* In: Handbuch des deutschen Dramas. Hrsg. von Walter Hinck. Düsseldorf 1980. S. 489–505.

Hein, Jürgen: *Das Volksstück.* In: Formen der Literatur in Einzeldarstellungen. Hrsg. von Otto Knörrich. Stuttgart 1981. S. 430–440.

Hudson, Roger: *Towards a Definition of People's Theatre.* In: Theatre Quarterly. Jg. 1, 1971. H. 4. S. 52 u. 100 f.

Hüttner, Johann: *Sensationsstück und Alt-Wiener Volkstheater. Zum Melodram in der ersten Hälfte des 19. Jahrhunderts.* In: Maske und Kothurn. Jg. 21, 1975. S. 263–281.

Riedel, Karl Veit: *Volkstümliche Strukturen im Fernsehspiel.* In: Hessische Blätter für Volkskunde. Jg. 58, 1967. S. 47–67.

4. Publikum

Wenn Volkstheater als Theater vom Volk, für das Volk und über das Volk verstanden wird, dann ist die Frage nach dem Publikum, also nach dem Theater *für* das Volk, sowohl für die Institution Volkstheater wie für die Intention der Produzenten von Volksstücken von zentraler Bedeutung.

Lediglich für das Wiener Volkstheater des 19. Jahrhunderts liegen bisher bemerkenswerte Ansätze zur Erforschung des Publikums vor allem in den Arbeiten von Johann Hüttner vor.

Bis etwa 1840 ist Volkstheater im Idealfall tatsächlich die Einheit von Theater vom Volk, für das Volk und über das Volk; d.h. es gibt eine Institution Volkstheater, deren Publikum, Schauspieler und Autoren aus den Bevölkerungsschichten stammen, die die Mehrheit der Bevölkerung ausmachen und denen der Zugang zu den etablierten Bühnen des gehobenen Bürgertums und Adels weitgehend verwehrt ist. Aber schon um 1840 können in Wien die untersten, einkommensschwachen Bevölkerungsschichten aus finanziellen Gründen nur selten ins Theater gehen, und in den Vorstadttheatern sind zwei sozial deutlich zu unterscheidende Publikumsgruppen erkennbar. (May, S. 92 f.) Das sozial schwache Publikum ist beim Theaterbesuch auf die billigsten Plätze und weitgehend auf die Sonntagsvorstellungen beschränkt.

Die Ausgrenzung des Volks aus dem Volkstheater nimmt seit 1840 erheblich zu. Die Ursachen dafür sind vielfältig und hängen eng mit der wirtschaftlichen Gesamtentwicklung zusammen. Mit zunehmender Industrialisierung vergrößern sich die Städte. Das ursprünglich in der Umgebung der Theater wohnende Stammpublikum, das Hüttner für die Wiener Vorstadttheater nachweist, wird in die neuen Vorstädte verdrängt. Den Theatern wächst ein neues bürgerliches bis großbürgerliches Publikum zu, auf das sie mit komfortablerer Ausstattung der Theaterbauten reagierten, aber auch mit aufwendigeren Inszenierungen. Beides erfordert höhere Eintrittspreise. Gleichzeitig führt die allgemein größere Mobilität infolge der Entwicklung des Eisenbahnwesens neues, reisendes Publikum in die Theater. Dadurch wird der Konkurrenzdruck für die Theater verstärkt, sind sie nun doch unmittelbarer vergleichbar mit auswärtigen Bühnen. Diese Entwicklung begünstigt die Entwicklung des Star-Theaters, zumal ja auch die Schauspieler mobiler werden. Auch das hat wieder seine Auswirkungen auf die Eintrittspreise, so daß dem traditionellen Publikum, das bei den allgemeinen Preissteigerungen sowieso immer mehr verarmt, der Zugang zum Theater immer unmöglicher wird. »Das Volk – [...] die sozial Tieferstehenden – konnten sich, wie seit je, subtheatralen Aktivitäten zuwenden, seit der Jahrhundertmitte vor allem den Volkssängern, dann Singspielhallen bzw. Volkstheatern im Prater bzw. vorher den Arenabühnen (Sommertheatern) außerhalb des Gürtels.« (Hüttner: Volk sucht sein Theater. S. 36.)

Diese Entwicklung gilt nicht nur für Wien sondern ähnlich auch für Hamburg, Frankfurt, Berlin und andere Großstädte (Hein: Das Volksstück. Entwicklung und Tendenzen. S. 19 f). Darüber hinaus weist Hüttner auf ähnliche Entwicklungen auch in London und Paris hin.

Auf die Internationalität von Volkstheater und Parallelen in der Entwicklung zwischen Wien, Venedig und Paris schon im 18. und frühen 19. Jahrhundert hat Roger Bauer hingewiesen. *(Das Wiener Volkstheater vor Raimund aus der Sicht eines Komparatisten.)*

Jürgen Hein stellt fest, daß um 1880 »sich das Volksstück endgültig von der Institution (löst), die es ursprünglich hervorgebracht hatte« (Das Volksstück. Entwicklung und Tendenzen. S. 19). Die Intention Volkstheater findet ihre Realisierung kaum noch in der Institution Volkstheater.

Literatur

Bauer, Roger: *Das Wiener Volkstheater vor Raimund aus der Sicht eines Komparatisten.* In: Das österreichische Volksstück. Hrsg. vom Inst. f. Österreichkunde. Wien 1971. S. 5–16.

Hüttner, Johann: *Literarische Parodie und Wiener Vorstadtpublikum vor Nestroy.* In: Maske und Kothurn. Jg. 18, 1972. S. 99–139.

Hüttner, Johann: *Volk sucht sein Theater. Theater suchen ihr Publikum: Das Dilemma des Wiener Volkstheaters im zweiten Drittel des 19. Jahrhunderts.* In: Das österreichische Volkstheater im europäischen Zusammenhang. 1830–1880. Akten des Kolloquiums Dezember 1984. Hrsg. von Jean-Marie Valentin. Bern, Frankfurt a.M., New York 1988. (Contacts. Ser. 1, Vol. 5.)

Hüttner, Johann: *Volkstheater als Geschäft: Theaterbetrieb und Publikum im 19. Jahrhundert.* In: Volk – Volksstück – Volkstheater im deutschen Sprachraum des 18.–20. Jahrhunderts: Akten des Kolloquiums 12.–13. Nov. 1982. Hrsg. von Jean-Marie Valentin. Bern, Frankfurt a.M., New York 1986. (Jahrbuch für internationale Germanistik. Reihe A, Bd. 15.)

5. Volksbühne

Gegen Ende des 19. Jahrhunderts werden verschiedene Theater und Theatervereine gegründet, deren Intention *Volkstheater* ist. In Wien wird 1889 das *Deutsche Volkstheater* eröffnet, in Berlin 1890 der Verein *Freie Volksbühne* gegründet.

Programm beider Institutionen ist es, neue Publikumsschichten für das Theater zu gewinnen. Bei der Gründung des Wiener Deutschen Volkstheaters ist – im Vielvölkerstaat Österreich – auch noch der nationalistische Gedanke maßgebend (Hüttner: Volk sucht sein Theater. S. 36 f).

In beiden Institutionen entstammen die treibenden Kräfte dem intellektuellen Bürgertum. Ihre Intention ist es, dem neuen Publikum bürgerliche Bildungsgüter vertraut zu machen und ihm die modernen, naturalistischen Stücke nahezubringen. So sind neben Anzengruber zunächst Hauptmann und Ibsen die Stützen des Programms, bald aber auch andere zeitgenössische Autoren und die Klassiker. Die intendierte Publikumsstruktur wird nur während eines sehr kurzen Zeitraumes erreicht. Schon um 1910 stammt die Mehrzahl der Mitglieder der Volksbühne aus Angestellten- und Kleinbürger-Schichten.

Neben den Theatern, die sich einem Bildungsauftrag gegenüber einem Publikum aus den mittleren und unteren Gesellschaftsschichten verpflichtet fühlten, existieren weiterhin solche Theater, die von Publikum und Kritik, aber auch aus eigenem Selbstverständnis, als Volkstheater angesehen werden, weil ihr Programm ein anspruchsloses, rein unterhaltendes ist. Alte und neue Possen, Schwänke und Lustspiele sollen für ein Publikum jeder Bildungsschicht leicht konsumierbar sein und von Alltagsproblemen ablenken.

Literatur

Braulich, Heinrich: *Die Volksbühne. Theater und Politik in der deutschen Volksbühnenbewegung.* Berlin (DDR) 1976.
Das Wiener »Volkstheater«. 1889–1966. In: Maske und Kothurn. Jg. 13, 1967. S. 233–338.
Fontana, Oskar Maurus: *Von der Kaiserzeit zur Trümmerzeit. Chronik der Jahre 1889–1944.* In: 75 Jahre Volkstheater. 1889–1964. Wien 1964.
Glossy, Karl: *Vierzig Jahre deutsches Volkstheater.* Wien 1929.
Hirsch, Helmut: *Viel Kultur für wenig Geld? Entwicklung und Verwicklung der Volksbühne.* Düsseldorf, Wien 1975.
Scherer, Herbert: *Bürgerlich oppositionelle Literaten und sozialdemokratische Arbeiterbewegung nach 1890: Die »Friedrichshagener« und ihr Einfluß auf die sozialdemokratische Kulturpolitik.* Stuttgart 1975.
Schwerd, Almut: *Zwischen Sozialdemokratie und Kommunismus. Zur Geschichte der Volksbühne 1918–1933.* Wiesbaden 1975.
Teichgräber, Axel: *Das »Deutsche« Volkstheater und sein Publikum. Wien 1889 bis 1964.* Phil. Diss. Wien 1965.

6. Operette

Eine Sonderstellung nimmt die seit der Mitte des 19. Jahrhunderts sich verbreitende Operette ein. Sie erreicht ihr Publikum zunächst über die Bühnen des alten Volkstheaters. Dieses Publikum ist aber schon das neue, bürgerliche.

Daß die Operette ihren Aufstieg gerade an diesen Bühnen beginnt, hängt damit zusammen, daß sie in ihrer frühen Zeit in Form und Inhalt an das alte Volksstück anschließt. Daraus erwächst auch das Mißverständnis von Otto Rommel: »Für das Alt-Wiener Volksstück wurde ihr Sieg allerdings verderblich, und zwar nicht nur deshalb, weil die Operette dem Volksstück die Bühnen wegnahm, sondern weil sie ihm das Mark aussog.« (Alt-Wiener Volkskomödie, S. 975.)

Die Operette hatte ihre Musikalität, ihr Stück-Personal und den satirischen Umgang mit dem Stoff aus dem Volkstheater entwickelt.

Zu den Wurzeln der Operette im Volkstheater vgl. vor allem Hartwig Gromes und Otto Brusatti.

Margit Gáspár beschreibt sie als Endpunkt einer theatralisch-musikalischen Gegenkultur seit der Antike. Ausgehend vom antiken Mimus über mittelalterliche Gaukler, Commedia dell'arte, opéra comique bis hin zum österreichischen Volkstheater und schließlich Offenbachs und Strauß' Operetten beschreibt sie theatralische Formen, die aus dem Volk, d.h. den unterprivilegierten Schichten, heraus für das Volk immer wieder aufs neue entstehen.

Dieses Volkstheater steht im Gegensatz zur jeweils herrschenden Politik, Moral und Theaterästhetik solange, bis avantgardistische Intellektuelle es entdecken, für sich vereinnahmen und so in den herrschenden Kulturbetrieb integrieren. Gleichzeitig entstehen im Volk wieder neue Formen der Gegenkultur. Immer sind es Elemente des Mimus, Musikalität und Komik, die diese Gegenkultur prägen. Die französische und die frühe Wiener Operette in der Mitte des 19. Jahrhunderts sieht Gáspár als Höhepunkt und vorläufigen Endpunkt des Volkstheaters. Das Ende wird dadurch herbeigeführt, daß das Bürgertum sich diese Form aneignet, ihre Inhalte verflacht, sie kommerzialisiert und internationalisiert:

»Während die musikalische Volkskomödie vorher dem Bedürfnis der Massen nach gesellschaftlicher Wahrheit gedient und ›lachend die Sitten gegeißelt‹ hatte, war sie jetzt nur mehr ein Betäubungsmittel, eine Art Zaubertrank, durch den der Mensch seine Tatkraft und sein Urteilsvermögen verliert, seine Gegner an die Brust drückt und glaubt, alles auf der Welt befinde sich in bester Ordnung, weil es anders sowieso nicht ginge.« (Gáspár, S. 347.)

Volker Klotz siedelt die Operette zwischen Volkstheater und Avantgardetheater an (Vox populi in der Operette. S. 213). Ihre Herkunft und die Stellung gegen die ästhetischen Normen eines bildungsbürgerlichen Dramenstils verbinden sie mit dem Volkstheater, ihre illusionsverletzende Darstellungsweise und die erhellende Diskrepanz zwischen gesprochenem Wort und

Körpersprache verbindet sie mit dem Avantgardetheater. Mit diesen Mitteln stellt die Operette Regelverletzungen dar:

»Denn das Operettenvolk bricht jene scheinheiligen selbst- und fremdkastrierenden Marktregeln, die sich als Moralregeln ausgeben; und die den Wenigen Macht verschaffen über die Vielen, doch niemandem ein unbefangenes Glück.« (S. 229.)

Auch hinsichtlich ihres Publikums steht die Operette zwischen Volkstheater und Avantgardetheater. So beschreibt sie Volker Klotz ausführlich als eine Form »*bürgerlichen* Lachtheaters«.

Literatur

Brusatti, Otto: *Vorläufer und Wurzeln für die Wiener Operette im 19. Jahrhundert.* In: Das österreichische Volkstheater im europäischen Zusammenhang. 1830–1880. Akten des Kolloquiums Dezember 1984. Hrsg. von Jean-Marie Valentin. Bern, Frankfurt a.M., New York 1988. (Contacts. Ser. 1, Vol. 5.) S. 155–170.
Gáspár, Margit: *Stiefkind der Musen. Operette von der Antike bis Offenbach.* Berlin (DDR) 1969.
Gromes, Hartwig: *Vom Alt-Wiener Volksstück zur Wiener Operette. (Beiträge zur Wandlung einer bürgerlichen theatralischen Unterhaltungsform im 19. Jahrhundert.)* Phil. Diss. München 1967.
Klotz, Volker: *Bürgerliches Lachtheater. Komödie, Posse, Schwank, Operette.* München 1980.
Klotz, Volker: *Vox Populi in der Operette. Was ist das, Volkstheater? Und wie steht die Operette dazu.* In: Volk – Volksstück – Volkstheater im deutschen Sprachraum des 18.–20. Jahrhunderts: Akten des Kolloquiums 12.–13. Nov. 1982. Hrsg. von Jean-Marie Valentin. Bern, Frankfurt a.M., New York 1986. (Jahrbuch für internationale Germanistik. Reihe A, Bd. 15.) S. 209–229.
Wilms, Bernd: *Der Schwank. Dramaturgie und Theatereffekt. Deutsches Trivialtheater 1880–1930.* Phil. Diss. FU Berlin. 1969.

7. Kino

Durch die Erfindung des Kinos entsteht seit Anfang des 20. Jahrhunderts eine neue Form der Massenunterhaltung, die wesentliche Funktionen des alten Volkstheaters übernimmt. In kürzester Zeit entwickelt sich das Kino von einem Sensations-Spektakel zu einem Massenmedium, das sich vom Vorbild Theater ablöst und eine eigene Ästhetik und Dramaturgie ent-

wickelt. Folgerichtig hat es seinen Ausgangspunkt im Jahr-
markts- und Zirkuskino, um sich dann, seit etwa 1903, als
»Theater der kleinen Leute« (Döblin, 1909) zunächst in den
Vororten und Arbeiterbezirken der Städte zu etablieren. Ab
1909 – mit Eröffnung des Union-Palastes am Alexanderplatz in
Berlin – beginnt das Kino sich auch in bürgerlichen Kreisen
durchzusetzen: Es entstehen große Kinopaläste in den Zentren
der Städte.

Wie groß die Bedeutung des Kinos als Massenunterhaltungs-
mittel schließlich geworden ist, wird deutlich an der nationalsozialistischen Kultur- und Propagandapolitik, die dem Kino eine
ganz besondere Beachtung schenkt. Anfängliche Versuche, eine
formal und ästhetisch eigenständige Form von Massentheater
zu entwickeln, werden bald aufgegeben (s. Kapitel *Thingspiel*).
Von zunehmender Bedeutung wird dagegen das Kino sowohl
als Medium der Propaganda, wie als Möglichkeit der Ablenkung von sozialen, wirtschaftlichen und politischen Problemen.

Literatur

Baacke, Rolf P.: *Lichtspielhausarchitektur in Deutschland. Von der
Schaubude bis zum Kinopalast.* Berlin 1982.
Döblin, Alfred: *Das Theater der kleinen Leute.* In: Döblin: Kleine
Schriften 1. Olten u. Freiburg i.Br. 1985. S. 71–73.
Gregor, Ulrich u. Enno Patalas: *Geschichte des Films.* Bd. 1 u. 2. Rein-
bek b. Hamburg 1976.
Heller, Heinz B.: *Literarische Intelligenz und Film. Zur Veränderung
der ästhetischen Theorie u. Praxis unter dem Eindruck des Films 1910–
1930 in Deutschland.* Tübingen 1985. (Medien in Forschung u. Un-
terricht. Ser. A, Bd. 15.)

8. Agit-Prop-Theater

Im Theater der Weimarer Republik haben bürgerliche Autoren,
die die Intention verfolgen, ein neues Volksstück zu entwikkeln, die Schwierigkeit, ihr intendiertes Publikum zu erreichen.
So gelingen Ödön von Horváth und Marieluise Fleißer ein-
dringliche Beschreibungen der gesellschaftlichen Wirklichkeit
und der Bevölkerungsschichten, die bald das Reservoir natio-
nalsozialistischer Mitläufer bilden werden. Das Publikum der

15

bürgerlichen Theater, in denen ihre Stücke aufgeführt werden, ist aber nicht in der Lage, sich selbstkritisch in den Stücken zu erkennen, oder es gehört tatsächlich nicht diesen Schichten an (s. Kapitel *Horváth*).

Neben diesen Versuchen der Erneuerung des Volksstücks entsteht in der Weimarer Republik aber auch eine Form des politischen Volkstheaters, die ihr intendiertes Arbeiterpublikum tatsächlich erreichen kann: Das Agit-Prop-Theater. Einerseits durch die feste Verankerung in der Kommunistischen Partei, andererseits durch die Wahl der Spielorte und -zeiten – auf der Straße und in Parteiversammlungen – können die Agit-Prop-Truppen ein breites Arbeiterpublikum ansprechen, das ansonsten kaum Beziehungen zum Theater hat. Ziel der Arbeit ist der politische Kampf mit den Mitteln der Agitation und der Propaganda. Ihre Wirkung erzielen die Gruppen durch die Aktualität der Themen, die in den Szenen angesprochen werden, durch Dramaturgie und Spielweise, die sich durch Spontaneität auszeichnen, weil sie nicht in Konkurrenz zu überkommenen theaterästhetischen Vorstellungen treten müssen, und nicht zuletzt durch das gleiche Klassenbewußtsein von Zuschauern und Darstellern. Doch in dem weitgehend gleichen Bewußtsein liegen auch Ursachen für die Begrenzung der Wirkungsmöglichkeiten dieser Theaterform: Erreicht werden vor allem die Zuschauer, die schon einen festen Klassenstandpunkt haben. (Hudson S.100.)

Literatur

Hoffmann, L. u. D. Hoffmann-Ostwald: *Deutsches Arbeitertheater 1918–1933*. Berlin, 3. Aufl. 1977.
Knellessen, Friedrich Wolfgang: *Das politisch-revolutionäre Theater von 1918–1933 in Deutschland und seine szenischen Ausdrucksmittel*. Köln 1969. (Die Schaubühne. Bd 67.)
Weimarer Republik. Hrsg. vom Kunstamt Kreuzberg, Berlin u. dem Inst. für Theaterwissenschaft der Univ. Köln. Berlin 1977.
Wem gehört die Welt – Kunst und Gesellschaft in der Weimarer Republik. Berlin 1977.

9. Volkstheater und Volksstück nach dem 2. Weltkrieg

Nachkriegszeit
Alle Formen und Versuche kritischen Volkstheaters in der Weimarer Republik wurden durch die politische Entwicklung beendet. Nach 1945 sind sie weitgehend in Vergessenheit geraten.

In der Nachkriegszeit gibt es zwar einige Versuche, Formen des unterhaltenden Volkstheaters mit zeitkritischen Inhalten zu füllen, doch bleiben sie für die Spielpläne der Theater weitgehend unbedeutend. Solche Versuche sind zum Beispiel *»Der Bockerer«* von Peter Preses und Ulrich Becher (1948) und *»Der Himbeerpflücker«* von Fritz Hochwälder (1964).

Fritz Hochwälder sieht sich, auch mit seinen früheren, im Exil entstandenen Stücken, in der Tradition des Wiener Volkstheaters. Er erkennt aber, daß sich Theatersituation und Publikum grundlegend gewandelt haben, »die Tatsache vor allem, daß das Interesse des Publikums weniger der dramatischen Hervorbringung galt und gilt, als der jeweiligen Repräsentation. Nicht aufs Stück kommt es an, sondern auf die Aufführung«. (Über mein Theater. S. 99.) Den *»Himbeerpflücker«* stellt Adorno in die Tradition Horváths und Brechts: Das Volksstück ist zum »Antivolksstück« geworden. Aber Adorno weist auch auf die Schwierigkeiten hin, die der Gattung aus ihrer Geschichte erwachsen sind:

»Das Volksstück hat als Blubo sich verdächtig gemacht, längst ehe die Abkürzung über das Abgekürzte die Wahrheit sagte« (Reflexion über das Volksstück. S. 108.)

Hier liegt sicher ein Grund für die nach 1945 nahezu unterbrochene Volksstück-Rezeption. Auch die Problematik des »Antivolksstücks«, wie sie schon für Horváth galt, beschreibt Adorno:

»Das Publikum muß der Suggestion des Stückes selbst widerstehen, wenn es das Stück verstehen will, sich dem Bann überantworten, um das Entsetzen des Gemütlichen zu spüren und dadurch ihm abzusagen.« (S. 110.)

Überwiegend orientieren sich Theater und Autoren der Nachkriegszeit an Bildungsstand und Geschmack des traditionellen bürgerlichen Theaterpublikums.

Die Funktion der Massenunterhaltung übernehmen wieder das Kino und seit Mitte der 50er Jahre mehr und mehr das neue Medium Fernsehen. Und es ist symptomatisch, daß im Fernsehen häufiger die unkritischen und schwankhaften Formen des Volksstücks verbreitet werden und deren Dramaturgie auch Einfluß nimmt auf die Entwicklung der Genres Fernsehspiel und Spiel-Serie. (Riedel.)

Volkstheater und Volksstück geraten erst nach 1966 wieder ins Interesse der Theater und der Dramatiker.

Literatur

Adorno, Theodor W.: *Reflexion über das Volksstück. (Zu Fritz Hochwälders »Himbeerpflücker«.* In: Hochwälder: Der Befehl. Graz 1967. S. 108–110.

Becher, Ulrich u. Peter Preses: *Der Bockerer.* Reinbek b. Hamburg 1981.

Hochwälder, Fritz: *Dramen.* Bd. 1–4. Graz 1975–85.

Hochwälder, Fritz: *Über mein Theater.* In: Hochwälder: Der Befehl. Graz 1967. S. 88–107.

Die »Erneuerung« in den 60er-Jahren
1. Gesellschaftliche Voraussetzungen

Die 1966 beginnende Volksstück-Welle wird nicht zuletzt durch die Wiederentdeckung der Stücke Horváths und der Fleißer ausgelöst und hat ihre Ursachen in der politischen Situation:

Die Zeit des Wiederaufbaus und der damit verbundenen wirtschaftlichen Prosperität ist vorbei, die erste große Wirtschaftskrise deutet sich an. Politische Glaubwürdigkeit gerät durch die Bildung der Großen Koalition in Zweifel, und die Zweifel werden verstärkt durch die Verabschiedung der Notstandsgesetze. Wahlerfolge der NPD und die aggressive Stimmung gegen die sich bildende außerparlamentarische Opposition lassen die Frage nach der Anfälligkeit für faschistische Ideen entstehen.

Die außerparlamentarische Opposition geht von der Studenten-Bewegung aus und erreicht außerhalb der Hochschulen vor allem Intellektuelle. Die aggressiven Reaktionen gegen die APO, die ihren Höhepunkt im Attentat auf Rudi Dutschke finden, machen klar, daß dieser Bewegung ein Rückhalt in der Bevölkerung fehlt. Das aus dieser Erfahrung entstehende Interesse am Volk äußert sich vor allem in der Frage nach den sozialpsychologischen Mechanismen, die zu Autoritätsgläubigkeit und zur Aggressivität gegen Minderheiten führen.

Ebenfalls von entsprechenden Fragen aus der Studentenbewegung ausgehend, sehen sich die Theater und Autoren vor die Notwendigkeit einer Standort- und Sinnbestimmung in dieser poltischen und gesellschaftlichen Situation gestellt.

Auf dieser Grundlage entstehen in der Nachfolge von Horváth und Fleißer die neuen Volksstücke. Die Sprachlosigkeit sozialer Randgruppen, Autoritätsstrukturen und Rudelverhalten sind die Themen der ersten Stücke (Kroetz, Sperr, Faßbinder). Dazu kommen bald weitere Themen: Deformation des Bewußtseins durch die Massenmedien (Sommer u. Bauer), Darstellung der Arbeitswelt (Henkel u. Kelling), sowie schließlich Stücke, die die Sozialstruktur insgesamt kritisieren und nicht mehr in der Darstellung kleiner gesellschaftlicher Gruppen verharren (Sperr u. Kroetz). (Vgl. dazu Bügner u. Ismayr.)

Die politische Wirksamkeit dieser Stücke muß (nach W. Ismayr) schon darum beschränkt bleiben, weil der in ihnen dargebotene Wirklichkeitsausschnitt nicht repräsentativ ist und die zugrundeliegende Analyse meist zu oberflächlich.

2. Publikum

Auch die Publikumsstruktur der Theater verhindert es, daß die von den Autoren intendierten Zielgruppen erreicht werden. Zwischen 1966 und 1973 nimmt die Zahl der Schauspielbesucher von ca. 10 Mill. auf ca. 8,3 Mill. ab; etwa 5 % der Bevölkerung können als regelmäßige Theaterbesucher angesehen werden, der kleinste Teil davon sind Arbeiter. (Ismayr, S. 426 f.)

»In der Volksstück-Renaissance zeigt sich ein Unbehagen am bürgerlichen Staatstheaterbetrieb und dessen Publikum, ohne daß allerdings durch das bloße Spielen von Volksstücken schon ein anderes Zielpublikum erreicht werden kann.« (Kässens/Töteberg, S. 32.)

3. Straßentheater

Um in der politischen Auseinandersetzung ein neues Publikum mit den Mitteln des Theaters zu erreichen, entstehen in dieser Zeit verschiedene Straßentheater. Die meisten dieser Gruppen bestehen nur kurze Zeit. Den wenigen, die länger Bestand haben, gelingt dies nur, weil sie erkennen, daß anhaltender Erfolg nur mit künstlerischen Mitteln und nicht allein durch die politische Intention zu erreichen ist. Von diesen Gruppen, die bald auf den Aufführungsort Straße verzichten und sich auch räumlich etablieren, geht die Entwicklung der »freien« Theater aus. Die meisten von diesen erheben nicht mehr den Anspruch, »Volkstheater« zu sein. (Ismayr, S. 441 ff.)

Im Anschluß an die Erfahrung des Straßentheaters versuchen auch einige etablierte Theater, mit neuen Spielorten ein neues Publikum zu erreichen. Aufführungen in Betrieben und in Arbeiterwohnvierteln bringen aber nicht den gewünschten Erfolg. Sie werden zumeist wieder aufgegeben, weil ein Publikum, das nie mit Theater in Kontakt gekommen ist, nicht allein durch räumliche Nähe zum Theaterbesuch erzogen werden kann. (Ismayr, S. 459.)

4. Kinder- und Jugendtheater

Eine Alternative, der Intention *Volkstheater* heute näher zu kommen, scheint in der frühzeitigen Erziehung zum Interesse am Theater und zum kritischen Umgang mit seinen Inhalten zu liegen. Eine Möglichkeit dazu bilden Kinder- und Jugendtheater, die z.B. über die Schulen noch ein breites Publikum aller Gesellschaftsschichten erreichen können. Voraussetzung des Erfolges ist dabei vor allem die Aufführung von Stücken, die Erfahrungen und Probleme des jugendlichen Publikums unterhaltsam reflektieren.

Aus dieser Erkenntnis und nicht zuletzt aus den politischen Erfahrungen der 60er-Jahre entstand 1969 in Berlin das Grips-Theater. Von ihm ging die Innovation zu einem neuen zeitgemäßen Kinder- und Jugendtheaters aus; in der Folge wurden nicht nur weltweit Grips-Stücke nachgespielt, es entstanden auch eine Reihe »freier« Kindertheater. Stücke, Spielweise und Publikum lassen diese Theater noch am ehesten einem Volkstheater-Ideal nahekommen.

Literatur

Bügner, Torsten: *Annäherungen an die Wirklichkeit: Gattungen u. Autoren des neuen Volksstücks.* Frankfurt a.M., Bern, New York 1976. (Europäische Hochschulschriften. R. 1, Bd. 881.)
Das Grips Theater. Geschichte u. Geschichten, Erfahrungen u. Gespräche aus einem Kinder- u. Jugendtheater. Hrsg. von Wolfgang Kolneder, Volker Ludwig u. Klaus Wagenbach. Berlin 1979.

Handke, Peter: *Straßentheater und Theatertheater*. In: Theater heute. Jg. 9, 1968, H. 4. S. 6–7.

Herms, Dieter: *Kunst und Agitation – Zur Theorie und Praxis des Straßentheaters*. In: Das deutsche Drama vom Expressionismus bis zur Gegenwart. Hrsg. von Manfred Brauneck. 3. Aufl. Bamberg 1977. S. 344–362.

Ismayr, Wolfgang: *Das politische Theater in Westdeutschland*. 2. Aufl. Königstein/Ts. 1985. (Hochschulschriften Literaturwissenschaft. 24.)

Karsunke, Yaak: *Die Straße und das Theater*. In: Kursbuch 20, 1970. S. 53–71.

Kässens, Wend, u. Michael Töteberg: *Fortschritt im Realismus. Zur Erneuerung des kritischen Volksstücks seit 1966*. In: Basis. Jahrbuch für deutsche Gegenwartsliteratur. Bd 6. 1976. Frankfurt a.M. 1976. S. 30–47.

Kinder- und Jugendtheater. In: Theater heute. Jg. 25, 1985. H. 1. S. 36–45.

Paul, Arno: *Ein Theater mit Grips – Der Aufstieg eines Kindertheaters*. In: Politisches Volkstheater der Gegenwart. Fotomech. Nachdr. Berlin 1981. (Studienhefte SH 45.)

Schedler, Melchior: *Experimenta 5: Kindertheater als Volkstheater*. In: Theater heute. Jg. 16, 1975. H. 8. S. 36–43.

Straßentheater. Hrsg. von A. Hüfner. Frankfurt a.M. 1970.

10. Anti-Volksstück – Kritisches Volksstück: Volksstück?

Die sehr unterschiedlichen Inhalte, Formen und Intentionen der neuen Volksstücke fordern immer wieder die Differenzierung des Begriffs. So werden sie oft – im Anschluß an Adornos Charakterisierung von Horváths Stücken – als *Anti-Volksstücke* bezeichnet; damit wird vor allem das Verhältnis zum anspruchslos unterhaltenden Volksstück charakterisiert. Indirekt beschreibt der Begriff auch die Störung der Publikumserwartung durch diese Art von Stücken.

Die ebenfalls häufig gebrauchte Bezeichnung *kritisches Volksstück* hebt auch den Unterschied zum nur unterhaltenden Stück hervor; sie charakterisiert vor allem den Blick des Autors auf die im Stück dargestellten gesellschaftlichen Zustände und die damit verbundene intendierte Wirkung auf den Zuschauer, der zu einer kritischen Haltung gegenüber der gesellschaftlichen Wirklichkeit gebracht werden soll.

Susan L. Cocalis schränkt den Begriff des *kritischen Volksstücks* auf die Stücke ein, in denen Brutalität und Gewalt in den unterschiedlichsten Erscheinungsformen gezeigt und deren Ursachen als gesellschaftliche charakterisiert werden. Sie beschreibt damit zwar einen großen Teil der Volksstücke seit Horváth, doch viele Stücke entziehen sich auch dieser Definition, obwohl der kritische Anspruch ihrer Autoren nicht in Frage steht.

Susan L. Cocalis weist auch darauf hin, daß das von den Autoren intendierte Massenpublikum mit *kritischen Volksstücken* nicht erreicht wird, weil es nicht das typische Theaterpublikum ist. Selbst wenn diese Stücke von einem Teil des intendierten Publikums rezipiert werden sollten, besteht die Gefahr, daß sie von einem an Gewaltdarstellungen gewöhnten Zuschauer nur als Unterhaltung angesehen werden und ihrem kritischen Anspruch nicht gerecht werden können.

Auf Grund ihrer Analysen der Forschungen zum österreichischen Volksstück ist für Monika Bärnthaler allenfalls eine Unterscheidung zwischen *traditionellem* Volksstück (vor Horváth) und *modernem* Volksstück (seit Horváth) möglich. Die vielfältigen Formen und Intentionen, in denen sich *Volksstück* realisiert, verlangen im übrigen neue Beschreibungen für nahezu jeden Autor, zumal der aktuelle Zeitbezug für jedes ernstzunehmende Volksstück konstituierend ist. (S. 183 f.)

Der Anspruch der Erneuerer des Volksstücks, Volkstheater auch für das Volk zu machen, mußte an den Theaterstrukturen und den Rezeptionsgewohnheiten des Publikums scheitern. Einige versuchten noch über das Massenmedium Fernsehen ihr Publikum zu erreichen; so z.B. Rainer Werner Faßbinder mit der Spielfilm-Serie *»Acht Stunden sind kein Tag.«*

Ihre als Volksstücke bezeichneten Theaterstücke sind nur Stücke *über* das Volk, denen Friedhelm Roth sogar vorwirft, dem bildungsbürgerlichen Publikum nur zur Bestätigung der intellektuellen Überlegenheit zu dienen (S. 82). Herbert Gamper zog schon 1971 die Konsequenz:

»Selbst wenn es gelänge, über die Bedeutung des vieldeutigen und durch Mißbrauch suspekt gewordenen Wortes Volk – als *die große Masse der Bevölkerung* – ins Reine zu kommen, sollte besser die Bezeichnung *Volksstück*, als so etwas wie eine jederzeit zu aktualisierende Kategorie, aus dem Vokabular gestrichen werden.« (S. 77.)

Literatur

Bärnthaler, Monika: *Der gegenwärtige Forschungsstand zum österreichischen Volksstück seit Anzengruber*. Phil. Diss. Graz 1976.

Cocalis, Susan L: *The Politics of Brutality: Toward a Definition of the Critical Volksstück*. In: Modern Drama. Vol. 24, 1981. S. 292–313.

Gamper, Herbert: *Horváth und die Folgen – das Volksstück? Über neue Tendenzen im Drama*. In: Theater 1971. Jahressonderheft von Theater heute. Velber 1971. S. 73–77.

Roth, Friedhelm: *Volkstümlichkeit und Realismus? Zur Wirkungsgeschichte der Theaterstücke von Marieluise Fleißer und Ödön von Horváth*. In: Diskurs 6/7. Jg. 3, 1973, H. 3/4. S. 77–104.

II Autoren des Volksstücks

1. Johann Nepomuk Nestroy

Ferdinand Raimunds und Johann Nestroys Schaffenszeiten
überschneiden sich um etwa ein Jahrzehnt. Raimunds Durch-
bruch als Volksschauspieler liegt um 1815, sein erstes Stück
wird im Dezember 1823 aufgeführt, sein letztes 1834; Nestroys
Beginn als Volksschauspieler liegt um 1825, sein erstes Stück
1829. Oft werden beide in einem Atemzug genannt, doch sie
sind Vertreter grundverschiedener Epochen: Raimund ganz der
Restaurationszeit nach dem Wiener Kongreß zugehörig, Nestroy ein Künstler des Vor- und Nachmärz.

Dazu vergl. Horst Denkler.
Zur Problematisierung des Epochenbegriffs allgemein: Peter Stein.

Nestroys Schaffen als Schauspieler, Stückeschreiber und Theaterleiter des Volkstheaters fällt in eine Zeit des Umbruchs in der
sozialen, wirtschaftlichen und politischen Geschichte Deutsch-
lands und Österreichs.

Politisch scheitert in dieser Zeit letzten Endes der Versuch,
überlebte Gesellschaftsformen revolutionär zu überwinden: die
Verhältnisse ändern sich nach der 48er Revolution kaum.

Dagegen führen die allmähliche Industrialisierung, die Entwicklung des Verkehrswesens durch die Eisenbahn und meh-
rere Wirtschaftskrisen zu tiefgreifenden sozialen Umschichtun-
gen. Diese äußern sich vor allem in der Verarmung großer Be-
völkerungsteile und im Anwachsen des städtischen Industrie-
proletariats besonders in Wien und Umgebung.

Dieser Umbruch spiegelt sich in Nestroys Schaffen wieder:
Am Anfang steht die satirische Veränderung und schließlich
Ablösung des Zauberstücks der Restaurationszeit, gefolgt von
revolutionären Volksstücken bis hin zur Revolutionsposse.
Nach 1848 schreibt Nestroy nur noch wenige Stücke, meist Pa-
rodien oder bürgerliche Lebensbilder. Als Theaterleiter und
Schauspieler aber etabliert er in Wien die neue Form des Volkstheaters, die dieser neuen Zeit angehört: Die Operette. Die Veränderung des Theaters auf Grund der Veränderung der Gesellschaft ist in diesem Schaffensweg deutlich zu erkennen.

Die einzelnen Schaffensphasen Nestroys sind von der Wissenschaft sehr unterschiedlich bewertet worden. Ein Überblick darüber findet sich bei Jürgen Hein: *Nestroys Possen im Rahmen der Vormärzdramaturgie.* (S. 40f.)

Das Ende des Zauberstücks

Nestroys erfolgreichstes, bis zu seinem Tod 268mal aufgeführtes und noch heute bekanntestes Stück *»Der böse Geist Lumpazivagabundus oder das liderliche Kleeblatt«* räumt mit dem Zauberapparat auf und plaziert neue Inhalte und eine neue, realistische Weltsicht auf der Wiener Volksbühne.

Können in Raimunds Stücken die Geister noch als Symbole einer den Menschen weise lenkenden aber unergründlichen Macht (vergleichbar weltlichen Regierungen) verstanden werden (Denkler, S. 172–177), so sind sie bei Nestroy streitsüchtige, unfähige Menschen-Ebenbilder, die letzten Endes vergeblich ins Menschenleben eingreifen. Ihre Berechtigung dazu ist fragwürdig, da die Menschen ihnen nur als Spielzeug dienen. An sie zu glauben oder nicht zu glauben bleibt sich gleich.

Wie Siegfried Diehl beschreibt, übernimmt Nestroy nicht einfach den Zauberapparat des alten Volksstücks seiner bequemen Dramaturgie wegen, sondern er verspottet von Beginn an die Zauberwelt mit den Mitteln der Satire und Parodie.

Schon im *»Lumpazivagabundus«* bedienen sich die Geister des Mittels, das tatsächlich die Welt regiert: Des Geldes. Und folgerichtig wird in den späteren Stücken Nestroys an Stelle des Geisterapparates, auf den er dann ganz verzichtet, meist Geld zum zauberischen Movens der Handlungen.

Aber auch die Menschen, die Nestroy auf die Bühne bringt, haben sich geändert. Die letztenendes immer liebenswerten Bürger des älteren Volksstücks, die sich allenfalls mal verirren und liebevoll wieder auf den rechten Weg gebracht werden, sind bei Nestroy vielfach – und gerade im *»Lumpazivagabundus«* – zu Gestalten am Rande der Gesellschaft abgesunken. Ausgestoßene, die durch ihr Verhalten, ja ihre Existenz überhaupt, die angeblich so gute Gesellschaft ihrer Umgebung in Frage stellen. Versuche, mit dieser Gesellschaft zu leben, bezahlen sie teuer mit Aufgabe ihres Selbst, und manchesmal ziehen sie daraus sogar die Konsequenz, sich bewußt außerhalb der Gesellschaft zu stellen.

Die Schlüsse aller Nestroy-Stücke sind traditionell: Happy End. Doch diese versönlichen Schlüsse, die Anpassungen der Protagonisten, sind immer fragwürdig und in einigen Stücken werden sie durch eine räsonierende Figur auch deutlich in Frage gestellt, nach dem Motto:

»Nein, was's Jahr Onkel und Tanten sterben müssen, bloß damit alles gut ausgeht –!« *(Einen Jux will er sich machen, 4.Aufz., letzte Szene.)*

Daß die Veränderung des Volkstheaters durch Nestroy von der Kritik erkannt wurde, zeigen die Äußerungen, die ihm vorwarfen, »Pöbelstücke« zu schreiben, während vom Volksstück erwartet wurde, daß es das Volk als edel und moralisch darstelle.

Einen Überblick über die Entwicklung Nestroys und die Reaktionen der Kritik darauf gibt W. E. Yates: *Nestroys Weg zur klassischen Posse.*

Volksstück und Posse

Der Begriff *Volksstück* war als Gattungsbezeichnung bis in Nestroys Zeit kaum gebräuchlich (Roger Bauer, S. 123 f.). Nestroy selbst hat keines seiner zu Lebzeiten aufgeführten Stücke als Volksstück bezeichnet. *Volksstück* war ein Terminus der Kritiker, eine programmatische Forderung an die Autoren des Volkstheaters.

Den Hintergründen dieser Volksstück-Idee geht W. E. Yates nach *(The Idea of ›Volksstück‹).* Die allgemeine Entwicklung des Volkstheaters wurde als Verfall empfunden. Dem entgegenzuwirken wurde die Forderung nach einem ›echten‹ Volksstück erhoben, das erzieherisch und moralisch sein sollte, ein heiteres und »treues Bild des Lebens« (Friedrich Kaiser), ein Stück, »bei dem Komik und Moral Hand in Hand gehen« (Adami in der ›Wiener Theaterzeitung‹, 5.5.1846. Nestroy, SW Bd 8. S. 339.) Demgegenüber wurden an Nestroy seine Vorliebe für die Posse, die Satire, sein scharfer Witz, seine Zweideutigkeiten kritisiert. Außerdem wurde vom Volksstück »Originalität« gefordert, was sich gegen Nestroys Bearbeitungen vor allem französischer Vaudevilles richtete.

Hinter diesen Angriffen stand die Ablehnung einer satirischen Auseinandersetzung mit der Welt wie sie ist, der Wunsch nach Harmonisierung der gerade in dieser Zeit sich verstärkenden gesellschaftlichen Widersprüche und der Wunsch nach Verklärung der nationalen Einheit.

Nestroy selbst bezeichnete die meisten seiner Stücke als *Posse*. Otto Rommel hat in seiner Ausgabe der sämtlichen Werke Nestroys in den Bänden 6 bis 8 zehn Stücke unter der Bezeichnung *Volksstück* zusammengefasst. Er begründet das damit, daß Nestroy mit diesen Stücken »dem von der zeitgenössischen Kritik geforderten Ideale der Volksbelehrung am nächsten kommt,« ohne daß das »seiner innersten Veranlagung« entspräche. In diesen Stücken dagegen eine Ironisierung der tendenziösen Volksstück-Idee zu sehen (Bauer, S. 122), geht vielleicht zu weit. Doch wird »die tatsächlich intendierte Volkstümlichkeit« (Bauer, S. 127 ff) nicht durch diese Stücke erreicht, sondern durch die lokale Posse.

Die lokale Posse ist die eigentliche volkstümliche dramatische Form der Biedermeierzeit. (Sengle, Bd. 2, S. 439–460.) Gekennzeichnet ist sie durch die Sprachkomik, Groteske und durch parodistische Elemente. Dies, sowie Derbheiten in der Handlung und szenische Effekte machen ihre Volkstümlichkeit aus. Anknüpfend an die Volkstheatertradition wendet sich Nestroy dieser Form des niederen Stils bewußt zu. Friedrich Sengle hebt hervor (Bd. 3, S. 258):

»Die ständigen Angriffe auf Nestroy erklären sich vor allem daraus, daß der aufsteigende und herrschende Realismus des Bürgertums die ursprüngliche literarästhetische Würde des niederen Stils und das heißt fast immer auch des satirischen Stils negiert und ihn, im Widerspruch zur Tradition, mit dem moralischen oder überhaupt anthropologisch gedeuteten Begriff der Gemeinheit, Trivialität, Ekelhaftigkeit, ja Verkommenheit zusammenwirft.«

Vor allem durch die Meisterschaft seiner sprachlichen Satire und seines ausgeprägt bissigen Witzes führt Nestroy die Possenform als Intention von Volkstheater auf einen Höhepunkt (Yates). Er lotet alle ihre Möglichkeiten aus und er führt sie auch an ihre Grenzen.

Als thematisches Grundmuster bürgerlichen Lachtheaters beschreibt Volker Klotz die Formel vom »Kollektiv und Störenfried« Sie dient »als faßliches Klärungsmodell für noch nicht hinlänglich erfaßte gesamtgesellschaftliche Erschütterungen. [...] Sie gehört zur geschichtlichen Übergangszeit des Bürgertums, wo es noch abstandslos den selbstverursachten Turbulenzen ausgesetzt ist.« (S. 62 f). Indem Nestroy in seiner Revolutionsposse »*Freiheit in Krähwinkel*« tatsächliche politische Ursachen im Rahmen dieser Formel thematisiert, führt er sie an ihre Grenzen, ja er sprengt sie. Friedrich Sengle geht sogar soweit zu sagen: »Ein ›echtes Volkslustspiel‹ in Biedermeier-Deutschland kann nicht gesellschaftskritisch sein«. (Bd. 2, S. 455.) So wendet er sich auch gegen eine Interpretation des Nestroyschen Werks als gesellschaftskritisch. Politische Anspielungen dienten nur der Verstärkung der Publikumswirksamkeit. Soziale Thematik sei der Posse traditionell zu eigen. Nestroy erhebe »keinen Vorwurf gegen die kapitalistische Gesellschaft, sondern höchstens gegen die Weltordnung, gegen die Launen der Fortuna« (Bd. 3, S. 222). Sengle betont Nestroys pessimistische Weltsicht, aus der sich seine satirische Groteske entfaltet. Daher konnte er auch nicht wirklich der Forderung seiner Kritiker nach einer »liebevollen« Gestaltung des Volkes im lokalpatriotischen Volksstück nachkommen. (Bd. 3, S. 225.)

Publikum

Sowohl die Posse, wie das belehrende Volksstück, wie auch die Operette sind bürgerliche Theaterformen.

Aus den Possentexten selbst zieht F. Sengle den Schluß, daß sie keineswegs eine Theaterform der untersten Gesellschaftsschicht oder vergleichbar mit dem Handwerkertheater des 18. Jahrhunderts sei. Vielmehr ist sie eine durch die Großstadt geprägte Form, die mit Publikum aus allen gesellschaftlichen Schichten rechnet (Bd. 2, S. 455). Dabei ist es vor allem das Kleinbürgertum, das sich in dieser Form wiederfindet (Klotz, S. 113). Die Publikumsanalysen von May und Hüttner bestätigen diese Einschätzung. Bis etwa 1840 haben die Wiener Vorstadttheater ein überwiegend aus ihrer Umgebung stammendes Publikum aller Gesellschaftsschichten. Soziale Unterschiede sind bemerkbar und es verstärkt sich die Tendenz, die untersten Schichten aus den Theatern zu verdrängen. Zu dem Zeitpunkt, da im Volkstheater Stücke auftauchen, die sich *Volksstücke* nennen, ist das Volk, das von den Vertretern der Volksstück-Idee nun als die Bevölkerung der unteren Schichten begriffen wird, bereits weitgehend aus den Volkstheatern verschwunden. Volksstücke sind zu Stücken nur noch *über* das Volk geworden. Gleichzeitig wird aus der Possenform des alten Volkstheaters für das neue bürgerliche Publikum die Operette entwickelt.

Als Autor des Volkstheaters ist Nestroy vor allem Meister der Posse, also der Form, die sich noch an ein Publikum richtet, das auch die untersten Gesellschaftsschichten umfasst. Er versucht sich auch, nicht ohne Erfolg aber nur vereinzelt, in den neuen Formen Volksstück und Operette.

Als Theaterleiter und als Schauspieler aber trägt er viel dazu bei, diese neuen Formen auf den Bühnen zu etablieren. Er führt Volksstücke und Lebensbilder z.b. Friedrich Kaisers ebenso auf wie Operetten Jacques Offenbachs.

Wirkung

»Für die Umbruchstelle zwischen dem alten und dem modernen Europa, die die Biedermeierzeit bildet, ist der Januskopf ein besonders treffendes Symbol« (Sengle, Bd. 3, S. 261).

So stellt Nestroy an dieser Wende sowohl das Ende einer Epoche dar, wie den daraus hervorgehenden Neubeginn. Auch mit seinen das Alt-Wiener Volkstheater beschließenden Possen wirkt er in die Zukunft.

Bei den Versuchen zur Erneuerung des Volksstücks im 20. Jahrhundert haben sich Autoren wie z.B. Horváth ausdrücklich auch auf Nestroy bezogen. W. E. Yates weist zu Recht darauf hin, daß damit vor allem Nestroys satirische und witzige Sprachbehandlung gemeint ist, wie sie die Possen charakterisiert, nicht aber jene Stücke des moralisch didaktischen Typs, die von den Zeitgenossen Nestroys als Volksstücke bezeichnet wurden. (*The Idea of ›Volksstück‹* S. 471.)

Literatur

Nestroy, Johann Nepomuk: *Sämtliche Werke. Stücke.* Hist.-krit. Gesamtausg. Bd 1 ff. Hrsg. v. Jürgen Hein u. Johann Hüttner. Wien 1977 ff.

Nestroy, Johann Nepomuk: *Sämtliche Werke.* Hist.-krit. Gesamtausg. Bd 1–15. Hrsg. v. Otto Rommel. Wien 1924–30.

Nestroyana. *Blätter der Internationalen Nestroy-Gesellschaft.* Wien. Jg. 1, 1979 ff.

Bauer, Roger: *Wiener Volkstheater: Noch nicht und (oder) doch schon Literatur.* In: Roger Bauer: Laßt sie koaxen, Die kritischen Frösch' in Preußen und Sachsen! Zwei Jahrhunderte Literatur in Österreich. Wien 1977. S. 119–135. Ebenfalls in: Theater und Gesellschaft. Das Volksstück im 19. und 20. Jahrhundert. Düsseldorf 1973. S. 29–43.

Denkler, Horst: *Restauration und Revolution. Politische Tendenzen im deutschen Drama zwischen Wiener Kongreß und Märzrevolution.* München 1973.

Diehl, Siegfried: *Zauberei und Satire im Frühwerk Nestroys*. Bad Homburg v.d.H., Berlin, Zürich 1969. (Frankfurter Beiträge zur Germanistik. Bd 9.)

Hein, Jürgen: *Nestroys Possen im Rahmen der Vormärzdramaturgie*. In: Nestroyana. Jg. 2, 1980. S. 38–49.

Klotz, Volker: *Bürgerliches Lachtheater. Komödie, Posse, Schwank, Operette*. München 1980.

Sengle, Friedrich: *Biedermeierzeit. Deutsche Literatur im Spannungsfeld zwischen Restauration und Revolution. 1815–1848*. Bd 1–3. Stuttgart 1970–1980.

Stein, Peter: *Epochenproblem ›Vormärz‹. (1815–1848.)* Stuttgart 1974.

Yates, W. Edgar: *Nestroys Weg zur klassischen Posse*. In: Nestroyana. Jg. 7, 1987(1988). S. 93–109.

Yates, W. Edgar: *The Idea of ›Volksstück‹ in Nestroy's Vienna*. In: German Life and Letters. Vol. 38, 1985. S. 462–473.

Brill, Siegfried: *Die Komödie der Sprache. Untersuchungen zum Werk Johann Nestroys*. Nürnberg 1967. (Erlanger Beiträge z. Sprach- u. Kunstwissenschaft. Bd. 28.)

Hannemann, Bruno: *Johann Nestroy. Nihilistisches Welttheater und verflixter Kerl. Zum Ende der Wiener Komödie*. Bonn 1977. (Abhandlungen z. Kunst-, Musik- u. Literaturwissenschaft. Bd. 215.)

Hein, Jürgen: *Spiel und Satire in der Komödie Johann Nestroys*. Bad Homburg, Berlin, Zürich 1970. (Ars Poetica. Studien. Bd. 11.)

Mautner, Franz H.: *Nestroy*. Heidelberg 1974.

2. Ludwig Anzengruber

Von Nestroys Possen führt kein direkter Weg zu den Werken Ludwig Anzengrubers. Dessen Entwicklung geht eher von der Volksstück-Idee Friedrich Kaisers aus. So nennt auch Anzengruber selbst, in einem Brief an Duboc vom 30. 10. 1876, Friedrich Kaiser als sein Vorbild. Daß es dennoch Einflüsse aus dem älteren Wiener Volkstheater gibt, zeigt Edward McInnes. W. E. Yates weist darauf hin, daß es in der Sprachgestaltung Anzengrubers Einflüsse Nestroys gibt, die auch für den zwischen beiden stehenden Friedrich Kaiser nachgewiesen werden (Yates: *Nestroysche Stilelemente bei Anzengruber*).

Für Otto Rommel ist Anzengruber zwar der Vollender der Wiener Volkskomödie, doch sieht er auch, daß Anzengrubers Versuche der Erneuerung des Volksstücks letztlich scheitern, weil es dafür keine Theater mehr gibt. Das Publikum hat sich gewandelt und damit die Art der Stücke.

»Im Zuge der Entwicklung war das Bürgertum zum Sprecher des ›Volks‹ auf der Bühne wie im Publikum geworden« (Hein: *Nestroys Possen im Rahmen der Vormärz-Dramaturgie.* S. 44). Zu Nestroys Zeit beginnt diese Wandlung, wird aber noch nicht als problematisch thematisiert. Etwa 30 Jahre später ist dieser Zustand so etabliert, daß das *Volk* als Publikum von Anzengruber vermisst wird.

Anzengruber gehört zu den Autoren, die sich selbst über Ziele und Inhalte ihrer Arbeit dezidiert geäußert haben. Seine Bedeutung für das Volkstheater liegt darin,

1. in einer grundlegend veränderten Zeit die alte Form des Volksstücks noch einmal mit zeitgemäßen Inhalten gefüllt und so den Weg vom moralisierenden zum gesellschaftskritischen Stück gewiesen zu haben,
2. Figuren aus der ländlichen Bevölkerung zum Träger dieser gesellschaftskritischen Handlung gemacht zu haben und
3. seinen Figuren eine eigene Sprache gegeben zu haben.

Zeit

Die politische Situation Österreichs in der zweiten Hälfte des 19. Jahrhunderts ist bestimmt durch die Reaktion auf den Liberalismus der 48er. Die in der Revolution kurzzeitig errungenen bürgerlichen Freiheiten werden Stück für Stück wieder zurückgenommen, die Kirche vermag ihren Einfluß auf Politik und öffentliches Leben wieder wesentlich zu stärken, was im Konkordat, in der Frage der Zivilehe und in der Diskussion um die päpstliche Unfehlbarkeit seinen Ausdruck findet. Gleichzeitig kommt es 1873 zu einer tiefgreifenden Wirtschaftskrise, die auch die Theater ergreift, ihren anhaltenden Umgestaltungsprozeß verschärft und sie zwingt, dem Geschmack des Publikums zu folgen. Die Spielpläne verflachen: Es überwiegen Stücke, die von der Tagesmisere ablenken sollen: leichte problemlose Lustspiele und Operetten. Letztere haben ihre aus der Posse gewonnene Schärfe verloren. Sie verwandeln sich in irrealen Kitsch, kreieren eine phantastische Operettenwelt und werden so zum Betäubungsmittel. (Gáspár, S. 347.)

Diese Situation erfährt und erkennt Anzengruber schon durch seine Tätigkeit als Schauspieler an zweitrangigen Bühnen in der Zeit von 1860 bis 1867. In einem Brief an Duboc schreibt er am 30. 10. 1876 rückblickend über die Volkstheater, die dem Volk »nackten Unsinn bieten, oft mit krausester Tendenz verquickt [...] so daß der guten Sache der Volksaufklärung mehr geschadet als genützt wurde«. Dabei habe es genügend Stoffe und Ideen gegeben:

»Alles das mußte sich in kleiner Münze unter das Volk bringen lassen, von der Bühne herab, aus dem Buch heraus. [...] Ein anderer wollte sich nicht finden, welcher der Zeit von der Bühne herab das Wort redete, und einer mußte es thun, also mußte ich es sein!« (Briefe. Bd. 1, S. 289 f.)

Figuren

Obwohl Anzengruber auch ›Wiener‹ Stücke schreibt, unter denen »*Das vierte Gebot*« 1877/78 noch das erfolgreichste ist, begründet er seinen Erfolg mit Stücken, die im Bauernmilieu spielen. Formal orientiert er sich an Nestroy und Kaiser (Yates u. Schmidt-Dengler) inhaltlich an den Dorfgeschichten Auerbachs. (Brief an Duboc, Bd. 1, S. 288 u. 290 f.) Er nimmt damit einen literarischen Trend auf und macht ihn wirksam fürs Volkstheater. Im Unterschied aber zur üblichen Beschreibung des Landes in der Literatur, die hier im Gegensatz zur Stadt nur die Idylle sieht, nehmen Anzengrubers Bauern Stellung zu Problemen, die gerade in der öffentlichen Diskussion sind. Die Tendenz der Stücke ist geprägt durch Anzengrubers engagiert liberale und atheistische, an Feuerbach geschulte Weltanschauung. Enthusiastisch schreibt er am 11. 2. 1871, bezogen auf sein gerade erfolgreich aufgeführtes Stück »*Der Pfarrer von Kirchfeld*«:

»Ahnen Sie es wohl, wie zagend ich auf mein fertiges Stück die Charakterisierung ›Volksstück‹ setzte? Und doch! Wenn wir, die wir uns emporgerungen aus eigener Kraft, über die Masse, heraus aus dem Volk, das doch all unsere Empfindungen und unser Denken großgesäugt hat, wenn wir, sage ich, zurückblicken auf den Weg, den wir mühevoll steilauf geklettert in die freiere Luft, zurück auf all die tausend Zurückgebliebenen, da erfasst uns eine Wehmut, denn wir, wir wissen zu gut, in all diesen Herzen schlummert, wenn auch unbewußt, derselbe Hang zum Licht und zur Freiheit [...] plötzlich wimmelts auf meinem Weg herauf vom Thal, ich seh' mich ganz verstanden, seh' mich eingeholt, umrungen und steh' dem Volke gegenüber, gehätschelt wie ein Kind oder ein Narr – die bekanntlich die Wahrheit sagen. Gott erhalte uns das Volk so, wir wollen gerne seine Kinder und seine Narren bleiben!« (Briefe Bd. 1, S. 119 f.)

Daß seine Bauern sich mit aktuellen Problemen und Fragen auseinandersetzen, findet natürlich nicht nur Zustimmung und wird ihm von Vertretern konservativer politischer Meinungen als mangelnder Realismus vorgeworfen.

Sprache

Ich »schuf meine Bauern so real, daß sie (der Tendenz wegen, die sie zu tragen hatten) überzeugend wirkten – und so viel idealisiert als dies notwendig war, um im ganzen der poetischen Idee die Wage zu halten. Ich habe mir zuerst den idealen Bauern konstruiert aus Hunderten von Begegnungen und Beobachtungen heraus und dann realistisch variiert nach all den gleichen Erfahrungen.« (Briefe Bd. 1, S. 291.)

Über den von ihm verwendeten Dialekt sagt Anzengruber:

»Man hat mir bereits auch die Ehre erwiesen, mich unter die Dialektdichter zu zählen […], aber ich bin eben nur ein halber, denn schon als Dramatiker habe ich darauf Bedacht zu nehmen, der Mehrheit der Menge verständlich zu bleiben.« (Eine Plauderei als Vorrede zum zweiten Bändchen der »Dorfgänge«. In: Werke Bd 15,1. S. 294 f.)

Eine konstruierte Volkssprache, die aber ausgesprochen lebensecht wirkt, wurde auch von Anzengrubers Vorgängern, vor allem natürlich Nestroy, verwendet. Anzengruber aber geht es nicht um eine sprachkritische Verwendung der Sprache, sondern er gebraucht sie an der Intention der Stücke orientiert. (Albert Schmidt. S. 65 ff.) Seine Figuren sind nicht nur sprachmächtig, sie nutzen die Sprache auch bewußt, um ihre Ideen zu vertreten. Damit weist Anzengruber eine Linie zu Brechts Forderungen an das Volksstück und weiter zu den späteren Stücken von F.X. Kroetz.

Wirkung

Nach den anfänglichen Erfolgen konnten sich Anzengrubers Stücke nicht mehr in den Spielplänen behaupten. So schrieb er schon am 12. 2. 1876 an Rosegger: »Wozu, respektive für wen schreibt man eigentlich Volksstücke? Die Direktionen verlangen Kassastücke, und ein Volk das sich um die ›Volksstücke‹ bekümmert, gibt es hierorts nicht – also wozu der Liebe Müh’?« (Briefe Bd. 1, S. 275) und 1881 an Ada Christen:

»Ich glaube nicht an die Zukunft des Volksstückes, deß wär' ich wett. Ich will daher auch in dem Rahmen dieses Genres nur wenig mehr mitthun. Gegenwärtig bin ich sehr – sehr müde. Zehn Jahre ehrlichen, redlichen Strebens umsonst aufgewendet, da mag man wohl ein Bischen tiefaufatmend stille halten. Der Geschmack des Publikums –! Pah, das Zeug hatte nie welchen. In der Mode war ich, man sieht das eben nicht gleich, ein wenig Eitelkeit ist ja verzeihlich, aber das Wenige schon macht blind –– ich bin abgelegt. –« (Briefe Bd. 2, S. 102 f.)

Zwar wurde Anzengruber kurz vor seinem Tode zum Hausautor des neu gegründeten *Wiener Volkstheaters*, aber den idealistischen Intentionen seiner Gründer war keine große Zukunft beschieden.

Nichtsdestoweniger wurden seine Stücke sporadisch immer wieder in die Spielpläne aufgenommen und auch im Rahmen der Berliner Volksbühnenbewegung konnte er anfangs beachtliche Erfolge im Norddeutschen Raum verbuchen.

Nach J. Hein (*Formen des Volkstheaters*, S. 497) führte in der weiteren Entwicklung des Volksstücks aber möglicherweise gerade die von Anzengruber fortschrittlich gemeinte Orientierung am ländlichen Milieu zur Verharmlosung der Gattung in Form des Bauernschwanks oder gar zur Vereinnahmung der Form in völkische Blut- und Boden-Ideologie.

Literatur

Anzengruber, Ludwig: *Sämtliche Werke*. Hist.-krit. Ges.Ausg. hrsg. von R. Latzke u. O. Rommel. Bd. 1–15. Wien 1922.

Anzengruber, Ludwig: *Briefe*. Mit neuen Beiträgen zu seiner Biographie hrsg. von Anton Bettelheim. Bd. 1–2. Stuttgart u. Berlin 1902.

Hein, Jürgen: *Formen des Volkstheaters im 19. und 20. Jahrhundert*. In: Handbuch des deutschen Dramas. Hrsg. von Walter Hinck. Düsseldorf 1980. S. 489–505.

Hein, Jürgen: *Nestroys Possen im Rahmen der Vormärz-Dramaturgie*. In: Nestroyana. Jg. 2, 1980. S. 38–49.

Hein, Jürgen: *Wiener Vorstadttheater*. In: Deutsche Literatur. Eine Sozialgeschichte. Bd 7.: Vom Nachmärz zur Gründerzeit: Realismus 1848–1880. Reinbek 1982. S. 358–368.

Jones, Calvin N.: *Variations on a Stereotype: The Farmer in the Nineteenth Century Volkskomödie*. In: Maske und Kothurn. Jg. 27, 1981. S. 155–162.

McInnes, Edward: *Ludwig Anzengruber and the popular dramatic Tradition*. In: Maske und Kothurn. Jg. 21, 1975. S. 135–152.

Rommel, Otto: *Ludwig Anzengruber als Dramatiker*. In: Anzengruber: Sämtliche Werke. Hist.-krit. Ges.Ausg. hrsg. von R.Latzke u. O.Rommel. Bd. 15,2. Wien 1922. S. 33–594.

Rommel, Otto: *Ludwig Anzengrubers Leben und Werk*. In: Anzengruber: Sämtliche Werke. Hist.-krit. Ges.Ausg. hrsg. von R.Latzke u. O.Rommel. Bd. 15,3. Wien 1922.

Schmidt, Adalbert: *Ludwig Anzengruber: »Das vierte Gebot«*. In: Das österreichische Volksstück. Hrsg. v. Inst.f.Österreichkunde. Wien 1971. S. 59–76.

Schmidt-Dengler, Wendelin: *Die Unbedeutenden werden bedeutend*. In: Die andere Welt. Aspekte der österreichischen Literatur des 19. u. 20.Jahrhunderts. Bern, München 1979. S. 133–146.

Yates, W.E.: *Nestroysche Stilelemente bei Anzengruber*. In: Maske und Kothurn. Jg. 14, 1968. S. 287–296.

3. Ludwig Thoma

Es ist auffallend, wie gering die Beachtung ist, die Ludwig Thoma im Zusammenhang der Volksstückforschung erfährt. In Nachschlagewerken werden meist nur seine satirische Prosa und seine Komödie »*Moral*« erwähnt und auch in der Fachliteratur wird Thoma selten ausführlich behandelt: Im Sammelband »Theater und Gesellschaft« wird er nur im einleitenden Aufsatz von J. Hein mit einem Satz erwähnt (S. 19.), ebenso in Heins Aufsatz im Handbuch des deutschen Dramas. (S. 502). In beiden Fällen werden seine Komödien »*Moral*« und »*Erster Klasse*« in die Nähe des Volksstücks gestellt, nicht aber das von ihm selbst als Volksstück bezeichnete »*Magdalena*«-Stück, das immerhin 1912, nach der Uraufführung, von Alfred Kerr als sein bedeutendstes Drama apostrophiert wurde (Kerr, S. 178 f).

Auch in der Thoma-Literatur selbst findet sich wenig zum Volksstück; in Bezug auf Volkstümlichkeit ist häufiger von seiner Prosa die Rede. Erst seit Calvin N. Jones (1976) und Jean Dewitz (1985) ausführlich Thomas Beziehung zum Volkstheater untersucht haben, gerät dieser Gesichtspunkt ins Interesse der Forschung (vgl. Aust, Haida, Hein S. 261). Mit einer kurzen Geschichte des Volkstheaters und einer Beschreibung der Theatersituation zu Thomas Zeit zeigt Dewitz die historischen Voraussetzungen. Davon ausgehend beschreibt er dann sein Wirken fürs Volkstheater wie für die Bauerntheater, um schließlich die Wirkung Thomas auf das gesamte Genre zu verdeutlichen.

Volksstück und Tragödie

Gerd Müller interpretiert »*Magdalena*« (S. 56–69) unter dem Aspekt seiner Einordnung als Tragödie und untersucht die Funktion des Dialektes.

Er weist darauf hin, daß Thoma das Stück sehr bewußt als Volksstück bezeichnet hat, obwohl ihm mit gleichem Recht die Zuordnung als Tragödie angestanden hätte. Thoma selbst schreibt am 3. 4. 1912 an Conrad Haussmann bezüglich des Stück-Schlusses: »Und das Mitleid erregende Moment der Tragödie ist auch gegeben. Der Hörer muß doch aufatmen, daß hiemit der wirkliche und einzig mögliche Abschluß eines Schicksals gegeben ist.« (Ausgew. Briefe S. 124.)

Die Stellung der »*Magdalena*« zwischen Volksstück und Tragödie wird auch von Dewitz untersucht. Gerade das sehr beschränkte und landschaftlich genau eingegrenzte bäuerischdörfliche Milieu (Umgebung Dachaus) und der entsprechende Dialekt sind die äußerlichen Faktoren dieser Gattungszuweisung. Sie resultiert aber auch aus inhaltlicher intentionaler Notwendigkeit: Es geht Thoma darum, die Tragik aus den sozialen und moralischen Zwängen der Dorfgemeinschaft abzuleiten, die die Existenz des Einzelnen so von der Anpassung und Unterwerfung unter ihre Moral- und Lebensvorstellungen abhängig macht, daß in der Konfrontation mit Abweichungen von der Norm – mögen sie menschlich noch so verständlich sein – nur eine tragische Lösung des Konfliktes möglich ist.

Bauernstück

Thoma setzt mit der »*Magdalena*« die Form des Volksstückes fort, die von Anzengruber geprägt ist: Das Bauernstück, das erlaubt, die so gern als unverdorben gesund dargestellte dörfliche Gesellschaft als konfliktgeladen, ja rückständig und zwangsläufig inhuman zu zeigen, ohne daß dabei diese Gesellschaft diffamiert würde!

Bezeichnenderweise ist die einzige negative Figur in dem Stück der Geistliche – als einziger Hochdeutsch sprechend, also nicht eigentlich zur Dorfgemeinschaft gehörend –, der trotz seiner qua Amt herausragenden Stellung im Dorf nicht bemüht ist, die reaktionären Normen der Dorfgemeinschaft zu verändern, sondern sie im Gegenteil bewußt befestigt.

Ein anderer dramaturgischer Aspekt des Bauernstückes ist die Möglichkeit, im begrenzten Rahmen der Dorfgemeinschaft allgemein Gültiges zu zeigen, also eine kleine geschlossene Welt als Abbild des Allgemeinen. Im Vergleich mit Hebbels »*Maria Magdalena*« glaubt Müller gerade diesen Aspekt, der Hebbels Intention war, bei Thoma bewußt vernachlässigt: Der Dialekte und die so genaue regionale Fixierung verhinderten eher die Verallgemeinerung.

Andererseits kann auch Müller nicht umhin, auf ähnliche Techniken der Lokalisierung gerade mit dem Ziel der Verallgemeinerung bei den Volksstückautoren der 70er Jahre hinzuweisen. Und auch der, allerdings zeitlich begrenzte Erfolg des Stückes scheint ihm zu widersprechen.

Über *Volkstheater* hat sich Thoma selbst kaum geäußert. Mit dem bäuerlichen Milieu und Wesen war er nach eigenen Bekundungen von frühester Jugend an vertraut, und aus seinen Begegnungen als Rechtsanwalt mit der ländlichen Bevölkerung hat er gern Motive für seine Prosa geschöpft.

Es kam ihm auf eine liebevolle Schilderung bäuerlichen Denkens und Lebens an, auch wenn die Bauern ihm zur Gestaltung seiner Satiren als idealer Stoff dienten.

»Und daß sich Thoma bei allem leidenschaftlichen Bekenntnis zum Bäuerlichen doch stets des Abstands bewußt war, erhöht noch den Wert seiner Kunst. Eben dieser Abstand ließ ihn Wesentliches der bäuerlichen Art erkennen und darstellen.« (Heinle, S. 52.)

Bauerntheater

Thomas Verhältnis zum Volkstheater spiegelt sich am deutlichsten in der Beziehung zum *Schlierseer Bauerntheater* und zu Michael und Anna Denggs Original *Tegernseer Bauerntheater*.

Bei beiden Theatern hatten sich Laienkräfte zusammengefunden, die es zu außerordentlichen Leistungen in der Darstellung gerade des bäuerlichen Milieus brachten und Gastspielreisen durch ganz Europa und z.T. auch Amerika machten. Es wurden überwiegend Stücke von Anzengruber, Schönherr und Thoma gespielt. Offensichtlich erhielten die Stücke hier die Authentizität, die Thoma sich wünschte. (Dewitz, S. 98 ff.)

Für das Schlierseer Theater hatte Thoma schon 1905 die Posse »*Schusternazi*« geschrieben und der Dengg-Bühne übertrug er die Aufführungsrechte mehrerer seiner Stücke. »*Schusternazi*« spielt im bäuerlichen Milieu: Plötzlicher Reichtum eines Handwerkers bewirkt Verhaltensänderung, schließlich wieder Armut und damit Rückkehr ins alte Wesen. Sie enthält Couplets von Konrad Dreher. Mit dieser Posse knüpft Thoma an die Besserungsstücke des Alt-Wiener Volkstheaters an. Das Stück wurde unbegründet nicht in die Gesamtausgabe der Werke Thomas aufgenommen. Hinweise gibt es in zwei Briefen Thomas an K. Dreher, den Leiter des Schlierseer Theaters: vom 23.5. und vom 14.7.1905 (Ein Leben in Briefen. S.173–177) sowie bei K. Dreher selbst. (S. 51 f. u. 176 f.) In der Literatur über Thoma gab 1962 P. Chiarini den ersten Hinweis auf das Stück. Ansonsten wird es lediglich von Jones und Dewitz im Zusammenhang mit dem Bauerntheater dargestellt.

Literatur

Thoma, Ludwig: *Gesammelte Werke.* Bd 1–8. Neue erw. Ausg. München 1956. Bd 2: Bühnenwerke.

Thoma, Ludwig: *Ausgewählte Briefe.* Hrsg. von Josef Hofmiller u. Michael Hochgesang. München 1927.

Thoma, Ludwig: *Ein Leben in Briefen.* München 1973.

Thoma, Ludwig: *Der Schusternazi.* Posse mit Gesang in 4 Akten. Neubearb. von Konrad Dreher. Ms. o.J. [um 1938]; Hss.slg. Stadtbibl. München 506/72. Druck als Bühnenmanuskript: München 1939.

Ahrens, Helmut: *Ludwig Thoma. Sein Leben, sein Werk, seine Zeit.* Pfaffenhofen 1983.

Chiarini, Paolo: *Thoma.* In: Enciclopedia dello spettacolo. Bd 9, Sp. 892 f. Roma 1962.

Dewitz, Jean: *Ludwig Thoma et le Théâtre populaire.* Bern, Frankfurt a.M., New York 1985. (Contacts: Sér. 1, Theatrica. 2.)

Dreher, Konrad: *Abreißkalender meines Lebens.* München 1929.

Hein, Jürgen: *Das Volksstück. Entwicklung und Tendenzen.* In: Theater und Gesellschaft. Das Volksstück im 19. und 20. Jahrhundert. Düsseldorf 1973. S. 9–28.

Hein, Jürgen: *Formen des Volkstheaters im 19. und 20. Jahrhundert.* In: Handbuch des deutschen Dramas. Hrsg. von Walter Hinck. Düsseldorf 1980. S. 489–505.

Heinle, Fritz: *Ludwig Thoma in Selbstzeugnissen und Bilddokumenten.* Reinbek 1963.

Jones, Calvin N.: *Tradition and Innovation: The »Volksstücke« of Ludwig Thoma.* Diss. Univ. of North Carolina 1976. Ann Arbor Michigan 1979.

Kerr, Alfred: *Die Welt im Drama.* 2. Aufl. Köln, Berlin 1964.

Müller, Gerd: *Das Volksstück von Raimund bis Kroetz. Die Gattung in Einzelanalysen.* München 1979.

4. Carl Zuckmayer

Die ›Erneuerung‹ des Volksstücks in den 20er Jahren wird eingeleitet durch den skandalträchtigen Erfolg von Zuckmayers »*Der fröhliche Weinberg*« 1925. In der gleichen Zeit, in der Zuckmayer dann seine weiteren Erfolgs-Volksstücke bis hin zum »*Hauptmann von Köpenick*« 1931 schreibt, entstehen auch die Stücke der Fleißer (»*Pioniere in Ingolstadt*« 1929) und Horváths (»*Bergbahn*« 1927, »*Geschichten aus dem Wiener Wald*«, »*Italienische Nacht*« 1931).

Während es aber Horváth und Fleißer gelingt, die Gattung in wesentlichen Elementen tatsächlich so zu erneuern, daß daraus Wirkungen entstehen konnten, die dem Volksstück der 70er Jahre neue Impulse gaben, konnte Zuckmayer mit fast jedem seiner Stücke zwar große Publikumserfolge erlangen, doch waren diese zumeist zeitlich begrenzt, und eine richtungweisende Beeinflussung des Volksstücks ging von seinen Stücken nicht aus.

In der Literatur zur Theorie und Geschichte des Volksstücks werden seine Arbeiten – gemessen an denen von Horváth, Fleißer und Brecht – in den meisten Fällen mit erstaunlicher Schärfe abgelehnt.

Theorie

Zuckmayer selbst hat sich zum Begriff »Volk« und zur Theorie des Volksstücks kaum geäußert. In seiner Autobiographie schreibt er 1966 rückschauend über die Erfahrung nach dem Durchfall seines Stückes »*Pankraz erwacht*«:

»Ich hatte weder die Gabe noch die Absicht, eine neue literarische Epoche, einen neuen Theaterstil, eine neue Kunstrichtung zu begründen. Aber ich wußte, daß man mit Kunstmitteln, die überzeitlich sind, mit einer Art von Menschenkunst, die nie veraltet sein wird, solange Menschen sich als solche begreifen, eine neue Lebendigkeit, der Wirkung und der Werte, erreichen kann. Dies war kein Programm – es war das Ergebnis einer ganz persönlichen Entwicklung. Ich wollte nichts Programmatisches und hatte für das, was es jetzt zu machen galt, keine Theorie, noch nicht einmal sichere Pläne. Ich wollte an die Natur heran, ans Leben und an die Wahrheit, ohne mich von den Forderungen des Tages, von den brennenden Stoffen meiner Zeit zu entfernen.« (Als wärs ein Stück von mir. S. 388.)

Zuckmayers Volksbegriff ist ein unsoziologisch-mystischer. Das Volk ist im Gegensatz zur Masse definiert durch seine ›Seele‹, sein ›Gesicht‹, seinen ›Charakter‹. (Jacobius, S. 28 f., Müller, S. 75 ff.) Jacobius beschreibt ihn im Gegensatz zu einem rassischen oder nationalistischen als eher dem englischen ›folk‹ verwandten Begriff:

»Es ist eine geistige Wesenheit, die in der gemeinsamen Sprache und deren menschlichsten, am meisten individualisierten Ausdrucksformen – dem Dialekt, dem Jargon oder dem aus Beruf und Gesellschaft sich ergebenden Idiom in Erscheinung tritt« (Jacobius S. 68.)

Wenn Jacobius dann weiter meint, Volk und Sprache seien von innen heraus erlebt, affirmiert er Zuckmayers eigenes Empfinden, ohne die dieser Empfindungsdramaturgie innewohnenden Gefahren zu erkennen.

Das oben zitierte ›Nicht-Programm‹ schildert recht genau die Methode von Zuckmayers Stücken:

Das Personal rekrutiert sich aus solchen Figuren, die in der Erfahrung bzw. im Bewußtsein weiter Bevölkerungskreise verankert sind: Im »Weinberg« die rheinhessischen Dorfbewohner und die nationalistischen Städter; im »Hauptmann« und im »Schinderhannes« vor allem die sich gegen die Staatsmacht auflehnenden Titelfiguren, das Militär und das arme aber gute Volk.

Solche Figuren werden in Verbindung gesetzt mit Verhaltensweisen und Problemen, die den Zuschauern ebenfalls aus eigener Erfahrung bekannt sind, und deren Durchführung immer etwas sagen- oder märchenhaftes hat bis hin zur Sentimentalität. Natur- und Heimaterleben und unbändige Lebensfreude sind (nach Jacobius und Müller) die Quellen von Zuckmayers Philosophie wie auch seiner Volkstümlichkeit.

Jeweils zu ihrer Entstehungszeit hatten die Stücke auch eine politische Aktualität. So rief der »Fröhliche Weinberg« die Empörung vor allem der Nationalsozialisten hervor. Aber an dieser Aktualität erweisen sich auch die Grenzen der Wirksamkeit der Stücke. Über den »Weinberg« schreibt Zuckmayer selbst: Die Nationalsozialisten waren empört, »weil das Stück ihnen etwas wegnahm, was sie gepachtet zu haben glaubten: deutsche Landschaft, deutsches Volkstum ohne ›Blut-und-Boden‹-Geschwätz.« (S. 405.) Er charakterisiert damit unbewußt selbst genau die Gefahr der Stücke: die Nähe zur ›Blut-und-Boden-Dramatik‹. Hier werden Wertvorstellungen repräsentiert, die totalitäre Regierungen bald für sich in Anspruch nahmen und er-

weisen sich »als Sammelbecken aller romantischen Klischees
[...], die über Volkstümlichkeit grassieren« (Kesting S. 279.)
Die satirischen Ansätze aber werden bei Zuckmayer entkräftet
durch die Versöhnlichkeit des Stück-Schlusses. (Rotermund S.
26.)

Volk und Natur

Greiner charakterisiert Zuckmayers Volkstümlichkeit aus seiner Naturverbundenheit und schlichtem Gottvertrauen. Er beschreibt seine Gefährdung, indem er ihn einordnet im Grenzge-
biet zwischen Kunst und Kitsch. Ähnlich auch Marianne Kesting, die Zuckmayer »zwischen Volksstück und Kolportage«
sieht: »Der Hauptmann von Köpenick« sei ein wirkliches
Volksstück, während spätere Stücke »bedenklichere Formen
der Volksdramatik« repräsentierten. (Kesting S. 279.) Zuckmayers Schwierigkeit, Unvertrautes zu gestalten, beschreibt
Greiner als konservative Beschränkung: »Zuckmayer ist kein
Beobachter, wenigstens nicht im landläufigen Sinne; [...] Was
er sieht, bestätigt ihm nur, was er schon längst gespürt, gewußt,
gekannt hat – oder er lernt es eben nie« (Greiner S. 167.) Im
Rahmen dieser Einschränkung aber gelängen ihm immer wieder
»Erfolgsstücke«.

»Zuckmayer ist kein Weltbeschöniger, aber auch kein Weltverbesserer;
er will weder beschönigen noch vertuschen; er ist auch kein Revolutionär und kein Theoretiker. Mit alledem wäre das Volksstück auch über-
fordert. Denn das Volksstück hat etwas von der Treffsicherheit, Bild-
haftigkeit, aber auch von der okkasionellen Begrenztheit des Sprich-
worts. [...] Von dieser begrenzt praktischen Lebensklugheit wie das
Sprichwort lebt auch das Volksstück, nach ihr richten sich und handeln
seine Menschen. Nach ihr richtet sich auch Zuckmayer«. (S.163 f.)

Während Greiner in Zusammenhang mit Zuckmayers »kon-
ventioneller Begrenztheit des Naturerlebnisses« unter anderem
auch das Derbe und Deftige gestaltet sieht , beschreibt Rotermund dies als eine »rauschhafte Bejahung der puren Vitalität,
die zu einer totalen Affirmation des Daseins, so wie es ist, ge-
steigert erscheint« (Rotermund S. 25). Er lehnt Zuckmayers
»naives Naturvertrauen« ab, da es »alle sozialen Differenzierungen und politischen Konflikte letztlich bagatellisiert«. Er
sieht hier nur eine Restaurierung der von Brecht dem alten
Volksstück zugeschriebenen derben Späße und billigen Sexuali-

tät. Außerdem sei Gunderloch, der Protragonist im »Weinberg«, als reicher Gutsbesitzer eben nicht der Mann aus dem Volke. Daß gerade in dieser Figur das Dionysische gestaltet wird, wiese auf ein Problem, »das man als Monopolisierung des Orgiastisch-Dionysischen in der bürgerlichen Gesellschaft der Weimarer Epoche bezeichnen könne« (S. 27). Aber gerade diese Problematik wird eben von Zuckmayer nicht gestaltet.

Zur Problematik von ›Dionysischem‹ und ›amor fati‹ im Werk Zuckmayers vergleiche auch die Untersuchung von Ingeborg Engelsing-Malek.

Thomas Ayck schreibt in diesem Zusammenhang: »Denkerische und dramaturgische Schwierigkeiten umging Zuckmayer jeweils mit vital-aktionistischen Szenen. [...] Der Beifall, den seine Stücke in den zwanziger Jahren erhielten, zeigte eine allgemeine Hinwendung zu Problemen der Unterprivilegierten. Leicht konnte dieses Interesse bei ›Zuck‹, wie ihn seine Freunde nannten, in Idyllik und oberflächliche Heiterkeit, Folklore und romantische Milieuschilderung münden«. (Ayk, S. 80.)

1975 versucht Zuckmayer noch einmal mit seinem letzten Stück »Der Rattenfänger« an die Erfolge seiner ersten Volksstücke anzuknüpfen. Wieder werden die verschiedensten sozialen Schichten gestaltet, gruppiert um eine volkstümliche Figur in einer mit aktuellen Problemen versetzten Thematik.

Doch auch hier bleibt es bei der Benennung von Problemen und der gläubigen Hoffnung auf eine bessere Welt; »Sein Weltbild und seine Zeitkritik gründen nicht in aufklärerischer Analyse und Konstruktion, sondern im Gefühl. [...] seinem Humanitätsideal ist Zuckmayer auch hier treu geblieben – die dramatische Kraft hatte ihn verlassen«. (Wagener S. 131.) G. Rühle schrieb anläßlich der Uraufführung:

»So ist die Neuinterpretation der alten Fabel durch Zuckmayer noch ein Reflex auf alles Durchlebte, auch auf die einfache Wahrheit, die am Anfang des Jahrhunderts zu statuieren versucht worden ist unter der Vokabel vom Verlassen des Alten und der Suche nach einer neuen einfachen Welt, und vom schönen, neuen, undeformierten Menschen.« (Rühle in: Theater heute, S. 25.)

Gerade angesichts der Aktualität von ›neuen‹ Volksstücken (Kroetz, Sperr u.a.) in dieser Zeit wirkt der »Rattenfänger« anachronistisch und findet, nach kurzem Uraufführungserfolg, weder Bühnen noch Publikum.

Literatur

Zuckmayer, Carl: *Werkausgabe.* Bd. 1–10. Frankfurt a.M. 1976.
Zuckmayer, Carl: *Als wärs ein Stück von mir. Horen der Freundschaft.* Frankfurt a.M. So.Ausg. 7. Aufl. 1966.
Ayck, Thomas: *Carl Zuckmayer.* Mit Selbstzeugnissen und Bilddokumenten dargest. Reinbek 1985.
Engelsing-Malek, Ingeborg: *»Amor fati« in Zuckmayers Dramen.* Konstanz 1960.
Greiner, Martin: *Carl Zuckmayer als Volksdichter.* In: Theater und Gesellschaft. Das Volksstück im 19. und 20. Jahrhundert. Düsseldorf 1973. (Literatur in der Gesellschaft 12.) S. 161–173.
Jacobius, Arnold John: *Motive und Dramaturgie im Schauspiel Zuckmayers.* Frankfurt a.M. 1971. (Schriften zur Literatur. 19.)
Kesting, Marianne: *Carl Zuckmayer zwischen Volksstück und Kolportage.* In: Kesting: Panorama des zeitgenössischen Theaters. Rev. u. erw. Neuausg. München 1969. S. 278–283.
Müller, Gerd: *Das Volksstück von Raimund bis Kroetz.* Die Gattung in Einzelanalysen. München 1979.
Rotermund, Erwin: *Zur Erneuerung des Volksstücks in der Weimarer Republik: Zuckmayer und Horváth.* In: Über Ödön von Horváth. Hrsg. von Dieter Hildebrandt u. Traugott Krischke. Frankfurt a.M. 1972. S. 18–45. (Zuerst in: Volkskultur und Geschichte. Festgabe für Josef Dünninger zum 65. Geburtstag. Berlin 1970.)
Wagener, Hans: *Carl Zuckmayer.* München 1983. (Autorenbücher. 34.)

5. Ödön von Horváth

In einer Uraufführungskritik zu Horváths *»Geschichten aus dem Wiener Wald«* schrieb Erich Kästner 1931: »Horváth schrieb hier ein Wiener Volksstück gegen das Wiener Volksstück.« (Materialien ..., S.126.) Ödön von Horváths Volksstücke stellen eine Wende in der Geschichte des Volksstücks dar, den Beginn eines ›neuen‹, ›kritischen‹ Volksstücks.

Erneuerung des Volksstücks: Theorie

Vor allem in zwei theoretischen Texten, dem *»Interview«* (GW Bd. 1, S. 5–16) und der *»Gebrauchsanweisung«* (GW Bd 4, S. 659–665) entwickelt Horváth selbst seine Vorstellung vom Volksstück. Ihm schwebe die Fortsetzung und Erneuerung des alten Volksstückes vor (Bd. 4, S. 662), das er formal und ethisch zerstöre, um eine neue Form zu finden. Dabei sieht er sich mehr in der Tradition der Volkssänger und Volkskomiker, als in der der klassischen Volksstückautoren (S. 663). Die Erneuerung des Volksstücks hat sich für ihn auf verschiedenen Ebenen zu vollziehen:

Inhaltlich: Ein Stück, »in dem Probleme auf eine möglichst volkstümliche Art behandelt und gestaltet werden, Fragen des Volkes, seine einfachen Sorgen, durch die Augen des Volkes gesehen. Ein Volksstück, das im besten Sinne bodenständig ist [...] das an die Instinkte und nicht an den Intellekt des Volkes appelliert.« (Gebrauchsanweisung, S. 662.)

Im Personal: »Zu einem heutigen Volksstück gehören heutige Menschen« »und zwar aus den maßgebenden, für unsere Zeit bezeichnenden Schichten des Volkes« (Interview, S. 11), und das seien (zu seiner Zeit) die vollendeten oder verhinderten Kleinbürger (Gebrauchsanweisung, S. 662).

Sprachlich: »Will man als Autor wahrhaft gestalten, so muß man der völligen Zersetzung der Dialekte durch den Bildungsjargon Rechnung tragen.« (Interview, S. 11.)

In der Intention: und diese sei die Demaskierung des Bewußtseins (Gebrauchsanweisung, S. 660 f.).

Und schließlich *in der Theatersituation:* Das Volk müsse wirklich den Zugang zum Theater haben. D.h. es müßten z.B. Kleiderzwänge fallen und die Eintrittspreise müßten erschwinglich sein. (Interview, S. 15.)

Horváths theoretische Äußerungen bilden die wesentliche Grundlage für fast alle Interpretationen seiner Volksstücke. Rolf-Peter Carl weist aber zu Recht darauf hin, daß diese Theorie nicht bis zur letzten Konsequenz durchdacht ist, eher den Eindruck des Improvisierten und Vagen macht und dadurch auch mißverständlich ist. (S. 175.) So führt auch die Einschätzung dieser Theorie durch die Interpreten zu sehr unterschiedlichen Ergebnissen.

Inhalt

Horváths inhaltliche Bestimmung des Volksstücks scheint zunächst nicht strittig. Die Forderung nach »Bodenständigkeit« und nach dem Ansprechen der »Instinkte des Volkes« könnte Assoziationen an nationalsozialistische Vorstellungen wecken (Carl, S. 176; für Gamper, S. 77, erledigt sie sich dadurch von selbst). Doch sieht man die Theorie im Zusammenhang mit

Horváths Stücken, so besteht die Gefahr dieses Mißverständnisses sicher nicht mehr. In diesem Zusammenhang sieht Rotermund eine Gefährdung viel eher für die Stücke Zuckmayers. In diesem Punkt der Theorie bestehen durchaus Ähnlichkeit zwischen Zuckmayers und Horváths Vorstellungen vom Volksstück. Horváths sozialpsychologische Analyse des Kleinbürgertums verhindert jedoch Fehldeutungen, gibt den Stücken »große aufklärerische Kraft«, die Zuckmayers Stücken gerade fehlt. (Rotermund, S. 45.)

Unter »Bodenständigkeit« können auch die lokalen Bezüge in den Stücken verstanden werden. Die Lokalisierung gehört zu den traditionellen Elementen des Volksstücks. Horváth weist ihr in seinen Stücken eine neue Funktion zu. In den »*Geschichten aus dem Wiener Wald*« z.B. wird ein operettenhafter Wien-Mythos mit einer ernüchternden Wirklichkeit konfrontiert und so als Scheinwelt entlarvt. (Hein, S. 145.) Im »*Interview*« sagt Horváth: »Mit vollem Bewußtsein zerstöre ich das alte Volksstück, formal und ethisch – und versuche als dramatischer Chronist die neue Form des Volksstücks zu finden.« (S. 12.) So wird auch die Bodenständigkeit des alten Volksstückes zerstört und taucht dann in den Stücken als Zitat wieder auf. (Hein, S. 145.)

Personal

Horváths inhaltliche Bestimmung des Volksstücks ist unmittelbar abhängig vom Verständnis des Begriffes »Volk«. Wesentlicher Punkt in der personalen Bestimmung ist die Betonung, daß es sich um »heutiges« Volk handeln müsse. Für Horváth ist es der Typus des Kleinbürgers, der 90 % der Bevölkerung repräsentiere. (Gebrauchsanweisung, S. 662.) Er gehört zum zentralen Figurenarsenal nicht nur der Volksstücke sondern seines gesamten Werkes.

Kleinbürgertum ist dabei weniger eine ständisch, einkommensmäßig oder mit anderen soziologischen Kategorien zu beschreibende Gruppe. Vielmehr ist das Kleinbürgertum durch sein Bewußtsein definiert, das ein beschädigtes oder falsches ist, weil es seine gesellschaftliche Stellung nicht reflektiert. (Rotermund, S. 28 f.) So steht das Kleinbürgertum zwischen dem *klassen*-bewußten Proletariat und dem *macht*-bewußten Kapital. (Carl, S. 176.) Friedhelm Roth schließt aus Horváths Prosa-Schriften und Entwürfen – vor allem aus dem Romanentwurf

»Der Mittelstand« (GW Bd. 4, S. 646–650) – auf eine sehr bewußte Soziologisierung und Analyse der ökonomischen Situation der Weimarer Republik, die auch in die Stücke einfließt: »Der Autor erfasst in seinen Stücken exakt die Gesellschaftsschichten, die auch die Anhängerschaft des Faschismus ausmachten, nicht aber einen proletarisch-kleinbürgerlichen Durchschnitt.« (S. 87 f.) Den ursprünglich politischen Ansatz ersetzt Horváth aber in den Volksstücken durch einen individualpsychologischen. (S. 80 f.)

Sprache

Der Verlust des politischen und gesellschaftlichen Selbstbewußtseins des Kleinbürgers drückt sich vor allem in dessen Sprache aus. Im Gegensatz zum älteren Volksstück verlangt Horváth »Es darf kein Wort Dialekt gesprochen werden!« An Stelle des Dialektes tritt die Sprache eines Menschen, »der sonst nur Dialekt spricht und sich nun zwingt, hochdeutsch zu reden« (Gebrauchsanweisung, S. 663), der »Bildungsjargon«. (Interview, S. 11.)

Horváths Stücke gewinnen, im Gegensatz zum alten Volksstück, ihre Bedeutung mehr aus dem Dialog als aus der Handlung (Doppler, S. 80). Dadurch wird »aus der Sprache die soziale Bedeutung der Gattung« zurückgewonnen. (Hein, S. 145.)

Intention

Die von Horváth intendierte »Demaskierung des Bewußtsein« ist zentraler Punkt aller Auseinandersetzungen mit seinen Volksstücken.

In *»Gebrauchsanweisung«* (S. 660) und *»Interview«* (S. 14) spricht Horváth auch von der Funktion des Theaters, dem Zuschauer Befriedigung seiner »asozialen Triebe« zu verschaffen, indem es ihm das Phantasieren abnehme.

Zwischen dieser kathartischen Wirkungsmöglichkeit des Theaters und der Intention der Demaskierung scheint ein Widerspruch zu bestehen (Carl, S. 178); erstere beruht auf Einfühlung, letztere verlangt die distanzierte Selbstanalyse des Zuschauers. Rotermund dagegen meint, daß Horváth über die kathartische Wirkung hinausgelangen will, indem er durch die

Demaskierung des Bewußtseins die Triebbefriedigung stört und so dem Zuschauer die Erkenntnis seiner Triebstruktur vermittelt. (S. 30.)

Ein Widerspruch kann aber auch gesehen werden zwischen der psychoanalytischen Katharsis-Theorie und der Demaskierungs-Intention, weil diese ausgeht von der marxistischen Theorie der Bestimmung des Bewußtseins durch das Sein, also eine kritische Gesellschaftsanalyse voraussetzt (Müller, S. 100): »So erscheint er zu gleicher Zeit als ein genau und präzise analysierender gesellschaftskritischer Autor und als jemand, der auf die Konsequenz der Kritik – nämlich die Verbesserung des Kritisierten – verzichtet.«

Durch diesen Verzicht auf die Darstellung einer politischen Perspektive stellt für Friedhelm Roth Horváths Haltung ein Programm moralischer Aufrüstung dar, das zur Verinnerlichung der Opferrolle, zu »linker Melancholie« im Sinne Walter Benjamins führt.

Auch Franz Norbert Mennemeier kritisiert die Passivität Horváths. Eine unzulässige Verallgemeinerung der gesellschaftlichen Diagnose, und mangelnder Durchblick auf soziale und ökonomische Hintergründe entsprängen einer zu geringen Distanz zum angegriffenen Kleinbürgertum (S. 36). Diese Einschätzung sieht sich bestätigt durch die späteren Dramen Horváths, bei denen die »resignative Versöhnung mit dem Bestehenden« immer mehr zu-, die Kritik aber immer mehr abnehme. (S. 40.)

Publikum

Horváths Bestimmung der Theatersituation ist kaum beachtet worden, vielleicht weil seine Lösungsvorschläge zu oberflächlich sind:

Das Publikum für das »Volksstück« hat sich gewandelt. Die eigentlich Angesprochenen kommen garnicht ins Theater. Zwar sind es auch wirtschaftliche Zwänge, die potentielles Publikum vom Theater fernhalten, insofern scheint eine Verringerung der Eintrittspreise zur Öffnung für andere Publikumsschichten sinnvoll; auch sind die Konventionen (Kleidung) dem Theaterbesuch hinderlich, und so scheint die Aufhebung von Kleidungszwängen zur Öffnung der Theater für neue Publikumsschichten ebenso wichtig; doch ist das Theatersystem viel tiefer in wirtschaftliche und konventionelle Zwänge eingebettet, als daß diese von Horváth vorgeschlagenen Maßnahmen ausreichen könnten, es zu ändern.

Theater ist viel zu sehr und durch eine zu lange Entwicklung mit bildungsbürgerlich-elitären Konventionen belastet, die nicht allein durch Aufhebung von Kleidungszwängen abgestreift werden könnten.

Die gesamte Sozialisation eines Menschen – familiäre, schulische wie gesamtgesellschaftliche – läuft darauf hinaus, ihn seiner Schichtzugehörigkeit entsprechend zum Kulturkonsumenten (in diesem Fall zum Theaterbesucher) zu erziehen, oder aber ihn von bestimmten Teilen der Kultur fern zu halten.

In dieser von Horváth nur teilweise erkannten Situation konnte er mit seinen Stücken nur einen Teil des von ihm intendierten Publikums erreichen. Selbst wenn er davon ausging, daß 90 % der Bevölkerung Kleinbürger – zumindest bewußtseinsmäßig – seien, höchstens 10 % davon sind Theaterbesucher! Diese Theaterbesucher aber sind genau die, die kleinbürgerliches Bewußtsein als Charakteristikum für sich am weitesten von sich weisen würden.

Andererseits beweist sich aber an diesem Publikumsteil auch die Richtigkeit von Horváths Intention: Deren Bewußtsein entlarvt er allerdings durch seine Stücke als kleinbürgerlich: Große Teile des Publikums lehnten es vehement ab, sich in seinen Figuren und Handlungen wiederzuerkennen. Die Reaktion jedoch blieb gefühlsmäßig, erlangte nicht die Qualität kritischer Selbsterkenntnis: daher die Empörung des Publikums, daher die Theaterskandale.

Wirkung

In besonders auffallender Form gilt das für die Aufnahme von Horváths »Geschichten aus dem Wiener Wald« 1948 in Wien.

Die Erwartungen des Publikums waren geprägt durch das »alte« Volksstück oder richtiger: durch die Vorstellungen und Rezeptionsgewohnheiten dem »alten« Volksstück gegenüber. Dieses war längst nicht mehr in irgendeiner Weise revolutionär oder auch nur kritisch. Es wurde nur noch gesehen als Ausdruck einer verklärten Wiener Gemütlichkeit, d.h. die Erwartung, die sich mit dem Begriff »Volksstück« verband, beinhaltete harmlose, humorvolle, erhebende Unterhaltung.

Solche Assoziationen dürfte auch der Titel hervorgerufen haben, zumal diese Erwartung ja landläufig von der Operette erfüllt wurde, die bei diesem Titel ebenfalls assoziiert werden konnte.

Und nun wird das Publikum konfrontiert mit einem Stück, das nicht nur das genaue Gegenteil zu den Erwartungen darstellt, sondern genau diese Gemütlichkeit und ihre Erwartung durch das Publikum entlarvt als Scheinfassade vor einer tiefgründigen Gemeinheit und Boshaftigkeit. Das Volksstück, das man sich so gemütlich und anheimelnd gemacht hatte, um im kollektiven Genuß einer angeblich nationalen, in Wirklichkeit aber nie vorhandenen, »Gemütlichkeit« die eigene Dummheit, Kleinlichkeit aber auch die eigene Misere vergessen zu können, um sich selbst aufzuwerten, erweist sich plötzlich als das, was es wirklich ist: Als Spiegelbild der Wirklichkeit, die hinter der kollektiven Verdrängung steht. (Vgl. auch Hein.) Mit ähnlichen Problemen hatte schon Nestroy zu tun, als ihm nach der Uraufführung des »Lumpazivagabundus« die Gemeinheit seines realistischen Volksbildes vorgeworfen wurde.

Die sich in Wut erschöpfende Reaktion des Publikums macht Mängel in Horváths Volksstückkonzeption deutlich. »Horváth kommentiert nicht, klagt nicht an, zeigt auch keine Veränderungsmöglichkeiten, er beschreibt nur was ist.« (Wapnewski, S. 39.) Allein aus solcher Beschreibung Folgerungen zu ziehen, verlangt aber vom Zuschauer eine selbstkritische Haltung und ein Abstraktionsvermögen, das gerade dem von Horváth intendierten kleinbürgerlichen Zuschauer fehlt. Das Publikum, das Horváths Volksstücke versteht, braucht sie nicht; das Publikum, das sie erreichen sollen, versteht sie nicht oder nimmt sie erst garnicht zur Kenntnis. (Carl, S. 177.)

Für Herbert Gamper heißt das, daß Horváth zwar das Volk zeigt, wie es ist, es aber eben nicht durch die Augen des Volkes sieht. (S. 74.)

Literatur

Horváth, Ödön von: *Gesammelte Werke*. Hrsg. von Traugott Krischke u. Dieter Hildebrandt. Bd. 1–4. Frankfurt a.M. 1970–71.

Über *Ödön von Horváth*. Hrsg. von Dieter Hildebrandt u. Traugott Krischke. Frankfurt a.M. 1972.

Materialien zu Ödön von Horváths »Geschichten aus dem Wiener Wald«. Hrsg. von Traugott Krischke. Frankfurt a.M. 1972.

Carl, Rolf Peter: *Theatertheorie und Volksstück bei Ödön von Horváth*. In: Theater und Gesellschaft. Das Volksstück im 19. und 20. Jahrhundert. Düsseldorf 1973. S. 175–185.

Doppler, Alfred: *Ödön von Horváth:* »*Geschichten aus dem Wiener Wald*«. In: Das österreichische Volksstück. Hrsg. vom Inst. f. Österreichkunde. Wien 1971. S. 77–92.

Gamper, Herbert: *Horváth und die Folgen – das Volksstück? Über neue Tendenzen im Drama.* In: Theater 1971. Jahressonderheft von Theater heute. Velber 1971. S. 73–77.

Hein, Jürgen: *Das Bild Wiens im Volksstück von Ödön von Horváth bis Peter Turrini.* In: Literatur und Kritik. 1985. H. 193/194. S. 141–152.

Mennemeier, Franz Norbert: *Modernes Deutsches Drama. Kritiken u. Charakteristiken.* Bd 2. München 1975.

Müller, Gerd: *Das Volksstück von Raimund bis Kroetz.* München 1979.

Rotermund, Erwin: *Zur Erneuerung des Volksstücks in der Weimarer Republik: Zuckmayer und Horváth.* In: Über Ödön von Horváth. Hrsg. von Dieter Hildebrandt u. Traugott Krischke. Frankfurt a.M. 1972. S. 18–45. (Zuerst in: Volkskultur und Geschichte. Festgabe für Josef Dünninger zum 65. Geburtstag. Berlin 1970.)

Roth, Friedhelm: Volkstümlichkeit und Realismus? Zur Wirkungsgeschichte der Theaterstücke von Marieluise Fleißer und Ödön von Horváth. In: Diskurs 6/7. Jg. 3, 1973, H. 3/4. S. 77–104.

Wapnewski, Peter: *Ödön von Horváth und seine* »*Geschichten aus dem Wiener Wald*«. In: Über Ödön von Horváth. S. 10–43. Auch in: Das deutsche Drama vom Expressionismus bis zur Gegenwart. Hrsg. von Manfred Brauneck. 3. Aufl. Bamberg 1977. S. 118–138.

6. Marieluise Fleißer

Im gleichen Zeitraum, in dem Zuckmayer und Horváth ihre ersten Volksstücke schreiben, entsteht auch Marieluise Fleißers »*Pioniere in Ingolstadt*« (1926–28). Das Stück hat seine überregional kaum beachtete Uraufführung in Dresden 1928. Angeregt zu dem Stück wurde die Fleißer von Brecht, den nicht nur »eine solche militärische Invasion in einer kleinen Stadt mit ihren Auswirkungen auf die Bevölkerung« (Fleißer, GW Bd. 1, S. 442.) interessierte – er selbst hatte gerade »*Mann ist Mann*« abgeschlossen (1926) –, sondern auch das weitere Experiment mit der Form des epischen Theaters.

Zum Verhältnis Fleißer – Brecht, vor allem bezüglich der »*Pioniere*« vgl.: Stritzke, Töteberg, Kässens u. Töteberg sowie Fleißer: Avantgarde. GW Bd. 3.

Das Thema »Volksstück« scheint dabei kaum ins Blickfeld der Autorin geraten zu sein; sie nennt das Stück *Komödie*, und auch für Brecht war wohl neben den thematischen und formalen Punkten die Konfrontation mit bürgerlichem Theaterbetrieb und -publikum und dessen Provokation wichtiger. Für die Aufführung in Berlin 1929 ließ er die Fleißer das Stück umarbeiten; diese zweite Fassung in Verbindung mit Regieeinfällen von Brecht, der ungenannt an der Inszenierung mitwirkte, bewirkten einen weitgreifenden Theaterskandal, der nicht nur Polizei- und Zensureingriffe zur Folge hatte, sondern auch das Privatleben der Fleißer unvorhersehbar bestimmte (Trennung von Brecht, Ächtung in Ingolstadt).

Zum *Pioniere-Skandal* vgl. vor allem: Stritzke, Kässens u. Töteberg, sowie die Dokumentation der Aufführung und des Skandals in: Materialien ... S. 62–139.

Eine Theorie des Volksstücks liegt also den ersten beiden Fassungen des Stückes nicht zugrunde, wenn auch die zeitgenössische Kritik, allerdings mit sehr unterschiedlichen Wertungen, diese Zuordnung bereits andeutet (zit. nach: Materialien ...):

Alfred Kerr: Sie »malt hier, unerschrocken, Heimatzustände« (S. 68).
Herbert Ihering: erinnert an Karl Valentin und an die Commedia dell'arte: »In diesem Lustspiel ist etwas von der alten humoristischen Urform ...« (S. 53 zur Dresdner Aufführung, S. 75 entsprechend zur Berliner Aufführung).
Kurt Pinthus: »Die Fleißer schreibt Volksstücke. Sie gibt die volkstümlichste Sprache und dennoch die kompliziertesten Gefühle«. (S. 87).
Franz Servaes: In einer negativen Kritik des Stückes über die hervorragenden Leistungen der Schauspieler: »Hilde Körber und Lotte Lenia anzuerkennen, die als zwei gegensätzlich herausgearbeitete Volksmädel prächtige Typen schufen [...] Peter Lorre [...] stand als lebendige Volksfigur vor uns«. (S. 79).
Paul Fechter: In einer ebenfalls vernichtenden Kritik »Die Verfasserin [...] hat es hier wiederum mit der kleinen Stadt, den kleinen Bürgern und dem Volk. [...] Ein Volksstück ist geplant, ein Soldatenstück«. (S. 80).

Zeitliche Einordnung

Auch das erste Stück der Fleißer »*Fegefeuer in Ingolstadt*« (Uraufführung 1926, Berlin) wurde von der zeitgenössischen Kritik in die Nähe des Volksstückes gestellt, wobei allerdings auch die stark expressionistischen Züge betont wurden. Von der Fleißer selbst nicht als »Volksstück« bezeichnet, wird es heute von der

Literaturwissenschaft diesen durchaus zugerechnet. (Dimter, S. 221; Dach.)

Auf Grund des zeitlichen bzw. persönlichen Zusammenhangs werden Horváth, Fleißer und Brecht als Erneuerer des Volksstücks in den 20er Jahren oft in einem Atemzug genannt, wobei meist unberücksichtigt bleibt, daß Brechts Volksstücktheorie wesentlich später entstanden ist.

Auch für die Fleißer ist diese literarhistorische Einordnung nicht unproblematisch und zwar auf Grund der besonderen Rezeptionsgeschichte ihres Werkes. In den 20er Jahren blieben die beiden genannten Inszenierungen der »Pioniere« die einzigen. Durch das 1935 ausgesprochene Schreibverbot und ihren Rückzug nach Ingolstadt geriet die Fleißer weitgehend in Vergessenheit.

Der 1945 entstandene und später von ihr selbst als »Volksstück« bezeichnete »Starke Stamm« fand zunächst kaum Beachtung (erste Aufführung 1950, weitere Aufführungen erst ab 1966). Erst durch die Wiederentdeckung der Fleißer durch die jüngeren Volksstückautoren Kroetz, Faßbinder, Sperr, für die sie gemeinsam mit Horváth zum Vorbild wurde, entstand eine Fleißer-Renaissance. Die große Anzahl von Aufführungen ihrer Stücke in den 70er Jahren hatte aber meist erneute Bearbeitungen zur Grundlage, die die Fleißer etwa seit Mitte der 60er Jahre vorgenommen hat. Von daher scheint auch eine Zuordnung zu den Volksstückautoren dieser Zeit gerechtfertigt. (McGowan; im Hinblick auf die verschiedenen Bearbeitungen der »Pioniere« vgl. auch Stritzke.)

Theorie

Auch ihr Stück »Der starke Stamm« nennt sie in der ersten Fassung noch »Komödie« und erst in der letzten Fassung, die in den Gesammelten Werken abgedruckt ist, erhält es die Bezeichnung »Volksstück«. Doch auch dies Stück war von der Kritik schon nach den ersten Aufführungen 1950 und 1966 als solches bezeichnet worden. In einem Interview sagt sie selbst auf die Frage:

Ist *Der starke Stamm* ein Volksstück?
»Er ist unterschwellig satirisch. Volksstück ist eine zu brave Definition, das Stück hat einen gesellschaftskritischen Hintergrund [...]«.
Als das Stück 1950 an den Kammerspielen in München gespielt wurde, nannten Sie es Komödie.

»Damit bin ich nicht mehr ganz einverstanden. Ich habe erst langsam gemerkt, was an Sozialkritik in dem Stück liegt [...]«.
Mir scheint, daß die in ihrem Stück angesprochene Kleinstadt als Modell gedient hat.
»Ja, unwillkürlich, ich lebe ja mittendrin. Ich schildere aber keine bestimmten Figuren – niemals – sondern immer nur Typen. Ich strebe das Typische an.«
(Gespräch mit der Autorin. [undat.] In: Materialien ... S. 343 f.)

Im Programmheft zur Aufführung des »Starken Stamm« durch die Schaubühne am Halleschen Ufer Berlin 1966 hatte sie geschrieben:

»Einige haben versucht mir den Starken Stamm zu verekeln, indem sie ihn für ein Heimatstück verschrieen. Das ist ein grobes Mißverständnis. Ein Heimatstück ist es nämlich gerade nicht, weil es im Gegenteil versucht, den Charakteren auf den Grund zu kommen und weil es die Fehler nicht beschönigt. [...] Dann war ich tief in den unteren Volksschichten und ihrer Umgangssprache vergraben, an einen anderen Ort konnte ich mich nicht versetzen. Da nahm ich die Umgangssprache als Spracherlebnis und versuchte sie zu reiben, bis sie vor Lebendigkeit sprühte.«
(GW Bd. 1, S. 453)

Mit einer weiteren Äußerung zum »Starken Stamm«

»Das Volksstück Der starke Stamm habe ich geschrieben, weil ich in meinem engeren Umkreis die Mentalität solcher zwischen Bürger- und Bauerntum schwankenden Leute sehr nah erfahren und mich hart daran gestoßen habe« (GW Bd 1, S. 449.)

ist schon alles zitiert, was von der Fleißer explizit zum Thema Volksstück veröffentlicht ist. Gattungsfragen waren für sie kein Problem.
Was aus diesen zitierten und allen anderen Äußerungen zu den Ingolstadt-Stücken und zum »Starken Stamm« hervorgeht, auch wenn der Terminus »Volksstück« nicht auftaucht, ist eine immanente Definition, die sich stichwortartig umreißen lässt:
Thema des Volksstücks sind die »kleinen Leute«, deren ausweglose Lebenssituation dargestellt wird, verstärkt durch den Hintergrund der Kleinstadtatmosphäre und die mundartlich gefärbte, aber künstlerisch verarbeitete Umgangssprache.
Die intendierte Gesellschaftskritik manifestiert sich nicht thesenhaft im Text sondern in den dargestellten Situationen. Satire ist dabei wesentliches Stilelement.
Das Volksstück unterscheidet sich vom Heimatstück durch die Typisierung der Figuren und Situationen, die eine über den

lokalen Bezugspunkt hinausgehende Allgemeingültigkeit zur Folge hat.

Die Stücke der Fleißer folgen

»den Traditionen des Volksstückes, dessen naiver Dramaturgie bis zum Ende. Die klassischen Situationen und Figuren werden benutzt, um gegenteilige Geschichte zu erzählen, um Realität darzustellen, statt zu verklären. Die falsche Herzlichkeit des Dialekts stellt die Unmenschlichkeit dessen, was gesagt wird, umso mehr heraus«. (Dieter Sturm im Programmheft zu *Der starke Stamm* Schaubühne am Halleschen Ufer Berlin. 1966. In: Materialien ... S. 379.)

Die Nähe zu Horváth ist unverkennbar. Beide Autoren bilden »die gesellschaftliche Wirklichkeit nicht einfach ab, sondern stellen die Mechanismen aus, nach denen sich in dieser alles regelt« (Dimter, S. 221). Den Unterschied zu Horváth und Brecht beschreibt McGowan (S. 30):

»Im Gegensatz zum Volksstück Brechts zeigen weder Fleißer noch Horváth Prozesse emanzipativer Art. [...] Bei Horváth wie bei der – Brecht so nahestehenden – Fleißer fehlt dieser Geschichtsoptimismus. [...] Im Gegensatz zu Horváth (und Brecht) sind die Stücke der Fleißer subjektive Berichte. Wo Horváth buchstäblich auf die Straße ging, um Dialogfetzen zu sammeln, mußte die Fleißer warten, bis Erlebtes aus dem Unterbewußtsein wieder hervorquoll«.

Theo Buck nennt die Dramatik der Fleißer daher »Schnappschuß-Dramatik«, um ihre Spontaneität und Direktheit zu kennzeichnen. Ihr besonderes Thema sei die »gesellschaftliche Deformation am Falle der Beziehungen beider Geschlechter zueinander«. (S. 36 u. 41.)

Gerade die Sprache der Fleißerschen Figuren lässt diese Deformationen deutlich zu Tage treten.

Und gerade über die Sprache ihrer Figuren wird Marieluise Fleißer zum Vorbild für die Volksstückautoren der 70er Jahre. Eine eingehende Untersuchung gibt Donna Lynne Hoffmeister dazu.

Kroetz selbst beschreibt in seinem Artikel »*Liegt die Dummheit auf der Hand*« 1971:

»Weil Brechts Figuren so sprachgewandt sind, ist in seinen Stücken der Weg zur politischen Utopie, zur Revolution gangbar. [...] Es ist die Ehrlichkeit der Fleißer, die ihre Figuren sprach- und perspektivelos bleiben läßt. [...] Die Figuren ihrer Stücke sprechen eine Sprache, die sie nicht sprechen können, und – was wichtiger ist – sie sind so weit beschädigt, daß sie die Sprache, die sie sprechen könnten, nicht mehr sprechen wollen, weil sie teilhaben wollen am ›Fortschritt‹ – und sei es nur indem sie blöde Floskeln unverstanden nachplappern.« (Materialien ... S. 379–386)

Literatur

Fleißer, Marieluise: *Gesammelte Werke.* Bd 1–4. Frankfurt a.M. 1972–1989.

Materialien zum Leben und Schreiben der Marieluise Fleißer. Hg. von Günther Rühle. Frankfurt a.M. 1973.

Marieluise Fleißer. Hrsg. von Heinz Ludwig Arnold. Text und Kritik. Bd 64. München 1979.

Buck, Theo: *Dem Kleinbürger aufs Maul geschaut. Zur gestischen Sprache der Marieluise Fleißer.* In: Text und Kritik. Bd 64: Marieluise Fleißer. München 1979. S. 35–53.

Dach, Thomas von: *Das moderne Volksstück.* Zürich, Phil.Diss. 1978.

Dimter, Walter: *Die ausgestellte Gesellschaft.* In: Theater und Gesellschaft. Das Volksstück im 19. und 20. Jahrhundert. Düsseldorf 1973. S. 219–245.

Hoffmeister, Donna Lynne: *Strategies and Counter-Strategies: Dramatic Dialogue in the milieu plays of Marieluise Fleißer and Franz Xaver Kroetz.* Ann Arbor, Mich. 1980. Phil. Diss. Brown Univ. 1979.

Kässens, Wend, u. Michael Töteberg: »*... fast schon ein Auftrag von Brecht*«, *Marieluise Fleißers Drama »Pioniere in Ingolstadt«.* In: Brecht Jahrbuch 1976. Frankfurt a.M. 1976. S. 101–119.

McGowan, Moray: *Kette und Schuß. Zur Dramatik der Marieluise Fleißer.* In: Text und Kritik. Bd 64: Marieluise Fleißer. München 1979. S. 11–34.

Schaarschmidt, Peter: *Das moderne Volksstück. Sprache und Figuren.* In: Theater und Gesellschaft. Das Volksstück im 19. und 20. Jahrhundert. Düsseldorf 1973. S. 201–217.

Stritzke, Barbara: *Marieluise Fleißer »Pioniere in Ingolstadt«.* Frankfurt a.M., Bern 1982. (Studien zum Theater, Film und Fernsehen. Bd 2.).

Töteberg, Michael: *Abhängigkeit und Förderung. Marieluise Fleißers Beziehung zu Bertolt Brecht.* In: Text und Kritik. Bd 64: Marieluise Fleißer. München 1979. S. 74–87.

7. Bertolt Brecht

Bertolt Brecht hat nur eines seiner Stücke – »*Herr Puntila und sein Knecht Matti*« – als »Volksstück« bezeichnet. Trotzdem ist er zu den bedeutenden Vertretern dieses Genres zu rechnen, zumal er diesem Stück theoretische »*Anmerkungen zum Volks-*

stück« beigegeben hat, in denen er versucht, der Gattung eine Richtung zu weisen. (GW Bd. 7, Schriften zum Theater. S. 1162–1169.)

Volksstück und Volkstümlichkeit: Theorie

Brecht stellt zunächst die »krude und anspruchslose« Form des ›alten‹ Volksstückes dar – wobei er in der Beschreibung eher an Formen des Schwankes zu denken scheint – und definiert dann das ›neue‹ Volksstück als »naiv aber nicht primitiv, poetisch aber nicht romantisch, wirklichkeitsnah aber nicht tagespolitisch«.

Für Stückaufbau und Text beschreibt er Möglichkeiten der Realisierung dieser Prämissen sehr kurz im Vergleich mit der ⸱literarischen Revue; breitesten Raum aber nimmt die Forderung ein, diese Konstituenten des neuen Volksstücks im Stil der Darstellung zu verwirklichen: ›Volksstück‹ muß des abfälligen Beigeschmacks, den der Begriff wie die Gattung selbst immer noch haben, entkleidet werden. Das Theater muß begreifen, Volksstück nicht mit der »Routiniertheit des Dilettantismus« abzuspielen, sondern für die Gattung einen echten Stil entwikkeln, der aus einer Synthese von Realismus, Artistik und Stilisierung zu gewinnen ist: »Praktisch gesprochen: man muß versuchen, den *Puntila* in einem Stil aufzuführen, der Elemente der alten Commedia dell'arte und Elemente des realistischen Sittenstücks enthält.«

Diese Forderung ist so wichtig, weil sie auch heute noch keineswegs selbstverständlich ist und weil sie gültig ist für alle Volksstücke. Außerdem ist Brecht damit einer der wenigen Autoren, die sich überhaupt Gedanken über die *Darstellungsweise* des Volksstücks machen. Und Volkstheater ist mehr als jede andre theatralische Gattung von seinem Selbstverständnis her auf die Realisierung im Theater angewiesen.

Daß Brecht Nestroys Stücke kannte und durchaus Beziehungen zwischen dem Schaffen Brechts und Nestroys bestehen, zeigt G.S. Slobodkin in seinem Aufsatz *Nestroy und die Tradition des Volkstheaters im Schaffen Brechts.* Brecht muß auch aus seiner Berliner Zeit der Emigration Horváths Versuche zur Erneuerung des Volksstücks gekannt haben, ebenso Zuckmayers *Fröhlichen Weinberg:* Mit Zuckmayer war er gerade zur Zeit der Entstehung dieses Stückes befreundet (siehe Zuckmayer: *Als wärs ein Stück von mir.* S. 367 ff). Und an Marieluise Fleißers Ingolstadt-Stück hatte er mitgearbeitet. Dazu vergl. R.P. Carl und H. Poser, der zu Brechts Analyse des ›alten‹ Volksstücks schreibt:

»Aber es ging Brecht ja auch garnicht um eine genaue Analyse des Volksstücks, es ging ihm vielmehr darum, wie ein neues Volksstück auszusehen habe.« (S. 188.)

Es ist sicher kein Zufall, daß sich Brecht gerade zum Zeitpunkt der Entstehung des »*Puntila*« in der Auseinandersetzung um *Volkstümlichkeit und Realismus* befand. (Dokumentation der Realismusdebatte in Marxismus und Literatur; vgl. auch Mittenzwei.) 1938 hatte Brecht in dem gleichnamigen Aufsatz geschrieben:

»Unser Begriff volkstümlich bezieht sich auf das Volk, das an der Entwicklung nicht nur voll teilnimmt, sondern sie geradezu usurpiert, forciert, bestimmt. Wir haben ein Volk vor Augen, das Geschichte macht, das die Welt und sich selbst verändert. Wir haben ein kämpfendes Volk vor Augen und also einen kämpferischen Begriff *volkstümlich*.
Volkstümlich heißt: den breiten Massen verständlich, ihre Ausdrucksform aufnehmend und bereichernd / ihren Standpunkt einnehmend, befestigend und korrigierend / den fortschrittlichsten Teil des Volkes so vertretend, daß er die Führung übernehmen kann, also auch den andern Teilen des Volkes verständlich / anknüpfend an die Traditionen, sie weiterführend / dem zur Führung strebenden Teil des Volkes Errungenschaften des jetzt führenden Teils übermittelnd.«

Volksstück und Politik

Rolf-Peter Carl weist darauf hin, daß Brechts Begriff der Volkstümlichkeit

»in den Rahmen des antifaschistischen Kampfes [gehört] und nicht losgelöst von dieser Situation als literaturtheoretische Definition gehandhabt werden [kann]. [...] [Und] daß Brecht selbst seine Forderungen als ›riesige Anweisung‹ qualifiziert, die keineswegs einen bereits erreichten Stand der Beziehungen zwischen der Literatur und dem Volk kommentieren [...]«. (S. 36 f.)

Im gleichen Sinne wie später in den »*Anmerkungen zum Volksstück*« Volkstheater aus seiner kruden Anspruchslosigkeit befreit werden soll, wird hier ›Volkstümlichkeit‹ im Gegensatz zur faschistischen mystischen Volkstumsideologie als kritisch und kämpferisch definiert. Dabei muß der Begriff ›Volk‹ dann auch aus dem Klassengegensatz innerhalb der Gesellschaft definiert werden: Volk ist »die Masse der Produzierenden, die so lange das Objekt der Politik war und die das Subjekt der Politik werden muß.«

Tradition

Mit dieser gesellschaftspolitischen Definition unterscheidet sich Brecht wesentlich von den anderen Volksstückautoren seiner Zeit. Jost Hermand, Hans Poser und Gerd Müller folgern, daß ein Vergleich mit den zeitgenössischen und zum Teil auch mit den älteren Volksstücken daher kaum möglich scheine. Joachim Hinze hingegen weist auf die Beziehung zur Volkstheatertradition ausdrücklich hin (S. 26 f.) und Poser (S. 190 ff) untersucht diese dann trotz des genannten Vorbehalts auch:

1. Die bestimmte, fest umgrenzte Landschaft und das bäuerliche Milieu. Die Notizen im Arbeitsjournal Juli bis September 1940 sowie ein Brief an Ruth Berlau vom 16. 6. 43 (Nr 454.) machen deutlich, wie wesentlich für die Erarbeitung des Stückes für Brecht auch die erlebte Atmosphäre auf dem finnischen Gut von Hella Woulijoki, das Miterleben bäuerlichen Lebens und nicht zuletzt der Woulijoki Erzählungen davon waren.

2. Das uralte Herr-Knecht-Motiv, das seine der Theorie entsprechende Abwandlung erfährt. (Zur Motiv-Geschichte vgl. Knopf, S. 217–223.)

3. Die Komik, auch aus dem sexuellen Bereich, und schließlich

4. auch die Gestaltung und Auswahl des übrigen Personals (Spektrum der Gesellschaft mit eindeutiger Sympathie-Verteilung).

Hinze untersucht im gleichen Sinne auch noch

5. die Sprache der Figuren und

6. die Bedeutung der Musik.

Alle diese Beziehungen zum alten Volksstück stellt auch G.S. Slobodkin im Sinne der »Aneigung des vielschichtigen Erbes des Volkstheaters durch den Dramatiker Brecht« (S. 100) im Vergleich von »*Puntila*« und Nestroys »*Frühere Verhältnisse*« dar.

Hinze bezieht auch die von Brecht nicht mehr als Volksstück bezeichneten Stücken »*Mutter Courage und ihre Kinder*«, »*Schwejk im zweiten Weltkrieg*« und »*Der kaukasische Kreidekreis*« in seine Untersuchung ein. Im Hinblick auf die Volksstück-Konzeption kommt er zu dem Ergebnis:

»Sprache und Musik als wesentliche Elemente der künstlerischen Gestaltung Brechts verkörpern damit jene Durchdringung von hohem und niederem Stil, von Traditionellem und Modernem, wie er es in seiner Konzeption für das neue Volksstück theoretisch formuliert hatte. Man könnte daher zu ihrer Charakterisierung zumindest in den reifsten Stücken Brechts von einer artifiziellen Volkssprache und einer artifiziellen Volksmusik sprechen«. (S. 32.)

Auch vom Stückaufbau (Weiterentwicklung der Nummernrevue) und der Problematik her entsprechen die Stücke durchaus der Volksstückkonzeption.

Daß Brecht sie trotzdem nicht auch »Volksstück« genannt hat, mag mit daran liegen, daß sie zum größten Teil unter Umständen geschrieben wurden, unter denen eine Realisierung von »Theater fürs Volk« noch nicht absehbar war, und er auch bewußt für ein bürgerliches Publikum schrieb (Exil in den USA). Nach seiner Etablierung in der DDR war zumindest ideologisch eine Situation erreicht, in der jedes Theater ›Volkstheater‹ sein mußte. Dazu schrieb Brecht bezüglich des »Puntila«:

»Warum kann *Herr Puntila und sein Knecht Matti* noch als aktuell angesehen werden? Weil man nicht nur aus dem Kampf lernt, sondern auch aus der Geschichte der Kämpfe. [...] Weil das Leben der von ihren Unterdrückern Befreiten eine zeitlang schwer sein mag, wie das aller Pioniere; denn sie haben das System der Unterdrücker gegen ein neues auszuwechseln.« (GW, Bd 7. S. 1175.)

Brecht und Zuckmayer

In fast allen Arbeiten zu Brechts Volksstück wird eine Beziehung zu Zuckmayer hergestellt. Mit Jost Hermand (S. 125 f.) sieht auch R.P. Carl (S. 40.) im »Puntila« sogar einen Gegenentwurf zum »*Fröhlichen Weinberg*« auf Grund paralleler Figuren, Motive und Handlungszüge.

Jan Knopf bezweifelt einen unmittelbaren Einfluß des Zuckmayer Stückes, sieht aber »gleichwohl die Wahrscheinlichkeit [...], daß Brecht mit seiner Komödie auch solche Machwerke wie Zuckmayers Bauernschwank treffen und zurechtrücken wollte.« (S. 217.)

Abgesehen von dieser übertrieben negativen Wertung des »Weinbergs« ist, auch unter Berücksichtigung der vielleicht oberflächlichen aber sicher nicht schlechten persönlichen Beziehungen zwischen Brecht und Zuckmayer in jener Zeit, dieser postulierte »Gegenentwurf« Brechts allenfalls auf Grundlage des grundsätzlich unterschiedlichen politischen und Gesellschafts-Verständnisses zu sehen, wie sich schon in der ›Volks‹-Definition zeigt.

Brechts Ziel ist es auch in diesem Stück, die Veränderbarkeit der Zustände zu zeigen, selbst wenn die Veränderung hier nicht vollzogen wird; Zuckmayer dagegen zeigt die Zustände als harmonisierbar.

Literatur

Brecht, Bertolt: *Gesammelte Werke*. Bd 1–8. Frankfurt a. M. 1967.

Brecht, Bertolt: *Briefe*. Frankfurt a. M. 1981.

Brecht, Bertolt: *Arbeitsjournal*. Frankfurt a. M. 1973.

Carl, Rolf-Peter: *Das Volksstück der 70er Jahre – Brecht, Fleißer, Horváth und die Folgen*. In: Kleiner Mann was tun. 3. Duisburger Akzente. Vorträge. Duisburg 1979.

Hermand, Jost: *Herr Puntila und sein Knecht Matti: Brechts Volksstück*. In: Brecht heute. 1. 1971. S. 117–136.

Hinze, Joachim: *Volkstümliche Elemente im modernen deutschen Drama*. In: Hessische Blätter für Volkskunde. 61. 1971. S. 11–43.

Knopf, Jan: *Brecht Handbuch*. *Theater*. Stuttgart 1980.

Marxismus und Literatur. Hrsg. von F. J. Raddatz. Bd 2. Reinbek 1969.

Mittenzwei, Werner: *Der Realismus-Streit um Brecht. Grundriß der Brecht-Rezeption in der DDR. 1945–1975*. Berlin (DDR) u. Weimar 1978.

Müller, Gerd: *Das Volksstück von Raimund bis Kroetz*. München 1979.

Poser, Hans: *Brechts »Herr Puntila und sein Knecht Matti«*. In: Theater und Gesellschaft. Düsseldorf 1973. S. 187–200.

Slobodkin, G. S.: *Nestroy und die Tradition des Volkstheaters im Schaffen Brechts*. In: Weimarer Beiträge. 24, 1978, S. 99–117.

Zuckmayer, Carl: *Als wärs ein Stück von mir. Horen der Freundschaft*. Frankfurt a.M. So.Ausg. 7. Aufl. 1966.

Exkurs: Das Thing-Spiel

Nach der Machtübertragung an die Nationalsozialisten 1933 wurde auch im Bereich des Kulturbetriebes die Gleichschaltung der Theater durch das *Reichsministerium für Volksaufklärung und Propaganda* (RMVP) und den *Beauftragten des Führers für die gesamte geistige und weltanschauliche Schulung der NSDAP* (Amt Rosenberg) sofort forciert betrieben.

Die Gleichschaltung des Kulturbetriebes wird dokumentiert bei Wulf und Wardetzky.

Im Zusammenhang mit der vom Nationalsozialismus aufgegriffenen und ausgeweiteten Volkstumsideologie bekommt auch die Idee vom Volkstheater eine besondere Bedeutung.

Zur Volkstumsideologie vgl. Emmerich und Weyergraf.

Ideologie und Mythos

Emmerich; beschreibt die Ideologisierung des *Volks*begriffes seit der Romantik, die ihren Höhepunkt in der nationalsozialistischen Volkstumsideologie findet. Die Ideologie von der Volksgemeinschaft soll über soziale und ökonomische Gegensätze hinwegtäuschen und eine allumfassende Gemeinschaft propagieren:

»Volk ist eine nach rassischen Gesetzen außen und innen geschlossene ganzheitliche Gemeinschaftsseinsweise der menschlichen Wirklichkeit.« (Friedrich A. Beck: Der Aufgang des germanischen Weltalters. 1944. zit. nach Emmerich, S. 123.)

Besonderes Kennzeichen der faschistischen Ideologie ist ihre irrationale Mythenbildung (Emmerich, S. 69). Emmerich beschreibt die Funktion des Mythos mit Roland Barthes (Mythen des Alltags. 1964): »Der Mythos erklärt nicht, er stellt fest; er entpolitisiert jeden Inhalt, den er sich unterwirft, und er schafft so eine ungeschichtliche Welt ohne Widersprüche.« (S. 134.) Die Mythenbildung ersetzt die sozialwissenschaftliche Forschung und Theoriebildung.

Heinz Kindermann beschreibt 1939 die neuen Wertmaßstäbe der Literaturwissenschaft, deren zentrale Idee die Vorstellung

»von der lebendigen Ganzheit des Volkes« sei, und der »alle anderen Fragestellungen, auch die biographischen und ästhetischen und erst recht die anthropologischen, die soziologischen und die national- und ideengeschichtlichen, sich unterzuordnen hätten« (S. 23.)
Für die volksnahe Literaturwissenschaft könne es sich dann bei der Deutung der Literatur »nicht mehr um einen wissenschaftlichen Arbeitsvorgang bloß der kalten Vernunft handeln, sondern es muß da um einen schöpferischen Prozeß gehen, bei dem neben der Gabe der Kritik und Exaktheit auch das Herz, die leidenschaftliche Hingabe und Neuschöpfung der wissenschaftlichen Intuition, der enthusiastischen Bejahung in ihre Rechte treten.« (S.35 f.) (Dichtung und Volkheit. Grundzüge einer neuen Literaturwissenschaft. 2. Aufl. 1939. Zit. nach: NS-Literaturtheorie. 1971.)

Zu den nationalsozialistischen Mythen im Zusammenhang der Volkstumsideologie gehören die von Blut, Boden und Rasse, der Führermythos und die Vorstellung einer germanisch-deutschen Kontinuität (Emmerich S. 122 ff, 138 ff.)

Da die Begrifflichkeit des Mythos verschwommen und undeutlich ist, sind sinnliche Bilder nötig, um ihn politisch wirksam einsetzen zu können (Emmerich S. 155). So wird nach Bildern und Symbolen gesucht, die z.B. die behauptete germanisch-deutsche Kontinuität beweisen sollen. Emmerich nennt für die Volkskunde beispielhaft Runen- und Märchenforschung.

Für den Bereich des Theaters lässt sich das übertragen auf eine theatralische Form, in der Erwin Rotermund »trotz allem Eklektizismus die einzige eigentümliche Formentwicklung der nationalsozialistischen Literatur« (S. 329) sieht: Das *Thingspiel.*

Offiziell gefördert und propagiert wurde die Thingspielbewegung nur über relativ kurze Zeit. Schon 1935 wurde vom RMVP verordnet, daß der Begriff »Thing« nicht mehr zu verwenden sei und die Spielgemeinschaften, die Träger der Thing-Bewegung, wurden aufgelöst.

Im Gegensatz zu Rotermund sieht Mennemeier im Thingspiel »exemplarisch die Unfähigkeit des Nationalsozialismus demonstriert, über Entlehnungen hinauszugelangen und einen neuen Stil zu schaffen«. (Modernes Deutsches Drama, S. 110.)

Thingspiel als Volkstheater

Tatsächlich war es die Intention, mit dem Thingspiel eine vollkommen neue Art des Volkstheaters zu schaffen. Am 8. Mai 1933 hatte Goebbels in einer Rede an die deutschen Theaterleiter gesagt:

»Wir Nationalsozialisten werden Volk und Bühne wieder zusammenbringen, wir werden das Theater der Fünfzig- und der Hunderttausend schaffen, wir werden auch den letzten Volksgenossen in den Bann der dramatischen Kunst ziehen und ihn durch sie immer von neuem für die großen Gegenstände unseres völkischen Lebens begeistern.« (zit. nach Stommer, S. 31.)

Thingspiel sollte die Idee der Volksgemeinschaft gestalten und propagieren und nutzte dazu die Form der Massenveranstaltung: Hunderte von Darstellern und Tausende von Zuschauern sollten den Rahmen bilden, die Trennung von Bühne und

Zuschauern sollte im Spiel ebenso wie in der Architektur des Thing aufgehoben werden, das Ganze sollte zum weihevoll kultischen Gemeinschaftserlebnis werden. Das Theater soll Kultstätte des Volkes sein, »wo dieses sich seiner eigenen Werte bewußt wird und sie feiert«. So beschreibt Uwe-Karsten Ketelsen (S. 130) die Funktion dieses Theaters in seiner Untersuchung zur Dramentheorie des 3. Reiches.

»Es wird dem deutschen Volke geschenkt werden, was jedem Volke entstand, das zur Nation und zur Einheit emporwuchs: ein seinem Wesen gemäßes, kultisches und arteigenes Theater.« (Otto Laubinger: Freilichtspiele und Thingplätze. 1934. Zit. nach Stommer S. 88.)

Für diese Massenveranstaltungen wurden besondere Spielplätze, Freilichtbühnen geschaffen, die nach Möglichkeit auch noch an Orten angelegt werden sollten, die in einer Beziehung zur germanischen Geschichte standen, wie ja auch der Name ›Thing‹ als Rückverweis auf die germanische rechtlich-politische Versammlung im Steinring eine germanisch-deutsche Kontinuität suggerieren sollte. Die Bezeichnung ›Thingspiel‹ wurde von dem Theaterwissenschaftler Carl Nissen 1933 geprägt und fand schnelle Verbreitung. (Vgl. Stommer S. 35.) Zeitweise war davon die Rede, daß 400 Thingplätze gebaut werden sollten, eine größere Zahl davon wurde in Angriff genommen, tatsächlich fertiggestellt wurden nur etwa 30–40 (Stommer S. 102).

Ein Katalog der Thingplätze findet sich bei Stommer S. 191–258.

Form

Die Form des Thingspiels sah in der Regel Massenchöre vor, aus denen sich einzelne Darsteller zu Spielszenen herauslösten bzw. dem Chor gegenübertraten.

Der Rückgriff sowohl auf das antike Theater, wie auf Versuche des expressionistischen Theaters, des Agit-Prop-Theaters und die Praxis der bisherigen Freilichtbühnen wurde kaum verleugnet. (Wardetzky S. 91, Stommer S. 11; Weyergraf verweist auf die Aneignung von Elementen kommunistischer Ästhetik durch die Nationalsozialisten.) Der bemühte Versuch, über diese traditionellen Formen hinauszugelangen und gleichzeitig die germanisch-deutsche Kontinuität zu propagieren, spricht deutlich aus den »Thingspiel-Thesen« Richard Euringers von 1934 (Völkischer Beobachter, 20.6.1934):

»1. Thingspiel und Freilichttheater sind zwei recht verschiedene Dinge. Ein romantisch Ritterstück, unter freiem Himmel gespielt, bleibt Theater und wird nicht Thingspiel. [...]
3. ›Thingtheater‹ ist kein Wort. Von Theaterkünsten weg führt das Thingspiel an die Stätte, die Gerichtstag halten wird. Vom Theaterkunststück weg zum Richtplatz führt das Spiel, nun, da es ernst wird. [...]
6. Ohne Blutschwur und Beschwörung, ohne Acht und Bann kein Thing. An der Bannmeile empfängt Schweigen die verschworenen Scharen. Stumm betreten sie den Richtplatz; denn der Boden ist geheiligt.
7. Der das Spiel trägt, ist das Volk, nicht ein Dutzend Prominenter oder allbekannter Stars. Namenlos sei jeder Name! Ruhmreich sei allein das Volk! [...]
10. Kult, nicht ›Kunst‹, ist Thingstattsache.
11. Handlung, das heißt: Opferhandlung. Handlung, das heißt: heilige Handlung. Nicht ›dramatisch‹, sondern kultisch wird das Blutopfer erneuert aus dem Geist – der Richtstatt, die Gerichtstag halten wird. [...]« (In Auszügen zitiert nach Wulf, S. 184.)

(Zur Spezifik der Wortwahl Euringers in den Thesen siehe Mennemeier: Modernes Deutsches Drama, S. 112. Daß diese Thesen auch in der Thing-Bewegung nicht unumstritten waren, beschreibt Stommer S. 85 ff.)

Der Frage nach dem Ursprung des Thingspiels geht Egon Menz nach. Er unterscheidet zwischen den für die Form des Thingspiels entscheidenden Vorbildern (s.o.) und der Materie des Thingspiels: Aufmarsch und Sprechchor, für deren Umgestaltung in die dramatische Form drei Gründe genannt werden:
1. Vor allem das Interesse der Massenorganisationen, besonders der SA, in der wirksameren theatralischen Form bleibende Ansprüche über die Machtergreifung hinaus einzufordern (sogen. zweite Revolution).
2. Die Thematik der Sprechchöre: Erster Weltkrieg und Weimarer Republik im Verhältnis zum Dritten Reich birgt in sich den Kern zur Dramatisierung.
3. Die Kulturpolitik, die ein »arteigens« Theater zu entwickeln bestrebt ist.
Für Jutta Wardetzky ist es vor allem der zweite Punkt, der das Thingspiel charakterisiert: »Ausgangspunkt der neuen Volksschauspielbewegung auf dem ›Thingplatz‹ war die Verherrlichung des ersten Weltkrieges zum Zwecke der Mobilisierung der ehemaligen und künftigen Soldaten für den geplanten Raubzug durch den sentimentalen Bezug auf Frontkameradschaft und das Opfer für die Nation« (Wardetzky S. 90).

Themen

Die Themen der Thingspiele wurden zumeist der deutschen Geschichte entnommen und zwar in der Art, daß sich das Geschehen unmittelbar als Bild für die Überwindung der Weimarer Republik, die Machtergreifung der Nationalsozialisten und die Verherrlichung des Führers verstehen ließ. Schon die Titel einiger Stücke sind in diesem Sinne bezeichnend:

Neurode. Spiel von deutscher Arbeit. Von Kurt Heynicke.
Der Weg ins Reich. Von Kurt Heynicke.
Das Frankenburger Würfelspiel. Von Eberhard Wolfgang Möller.
Deutsche Passion 1933. Von Richard Euringer.
Das große Wandern. Von Kurt Eggers.

Analysen einiger Thingspiele finden sich bei Mennemeier und bei Ketelsen: Von heroischem Sein ...; Textauszüge bei Loewy; Beschreibungen der Aufführungspraxis bei Stommer.

Wirkung

Daß das Thingspiel aus heutiger Sicht vielfach als gescheiterter Versuch angesehen wird, und daß 1935 von Seiten des RMVP die Propagierung und Förderung der Thingspielidee aufgegeben wurde, hatte inhaltliche wie politische Gründe.

Zunächst, und von der heutigen Literaturwissenschaft besonders hervorgehoben, waren es ästhetische und qualitative Gründe. Allein die Tatsache, daß bei Wettbewerben zwar eine Unzahl von Texten eingereicht wurde, aber nur einige wenige als Thingspiel anerkannt wurden, ist schon bezeichnend (Wardetzky S. 97, Stommer S. 94 u. 121). Die zeitgenössischen Kritiken belegen, daß man sich der mangelnden Qualität durchaus bewußt war, so daß letzten Endes immer wieder nur die gleichen mehr oder weniger bewährten Texte zur Aufführung kamen (Stommer S. 84, 113).

Das Thingspiel und damit auch die Architektur der Thingstätten waren auf Massenveranstaltungen hin konzipiert. Die Propagierung der Volksgemeinschafts-Idee sollte sich auch in der Zahl der aktiv und passiv Beteiligten ausdrücken. Nach der ersten Euphorie aber, die tatsächlich zur massenhaften Teilnahme an den Spielen geführt hatte, ließ das Publikumsinteresse merklich nach und die Zuschauerzahlen sanken beträchtlich (Stommer S. 122).

Neben der minderen Qualität von Darstellung und Sprechweise, bedingt durch die Beteiligung vieler Laien, mag das auch darauf zurückzuführen sein, daß »das Thingspiel eine allzu offenkundige Wiederholung der Rituale der nationalsozialistischen Reichsparteitage dar[stellte]«. (Mennemeier: Nationalsozialistische Dramatik, S. 289.) Dieser Zusammenhang wurde schon 1935 von Wolf Braumüller hergestellt, der, die Ergebnisse der Thingbewegung kritisierend, schrieb: »Eine Ausnahme gibt es: das ist der Reichsparteitag, die blut- und geistgewordene Thingidee.« (Zit. nach Stommer, S. 119.)

Egon Menz resümiert: Da die Führer-Ideologie das Volk vom politischen Handeln ausschließt kann die Theorie »dem Volk nur den Theaterbezirk für politische Taten zuteilen. Das Thingspiel soll der Anteil des Volkes am Staat sein, wo es tätig sein darf. Dies ist nicht eine Einschränkung durch die Theoretiker, sondern sie machen aus der Not eine Tugend, nachdem die politisch-theatralischen Massenversammlungen vergangen sind, und versuchen, den Volksmacht-Anspruch zu retten, indem sie hier einen Bereich freihalten, wo das Volk mächtig sein kann, freilich nur im illusionären Raum und in historisch entfernten Angelegenheiten. Die wirklichen politischen Veranstaltungen dagegen stehen unter den Regeln der Propaganda und der Suggestion, sind nicht theatralische Politik, sondern politische Psychagogie mit sinnlichen und theatralischen Mitteln.« (S. 344.)

Neben diesen eher ästhetischen Problemen sind aber auch noch innerparteiliche Konkurrenzkämpfe zwischen den Organisationen des RMVP einerseits und den entsprechenden Partei-Organisationen (Amt Rosenberg) andererseits für das Ende der Thingspielbewegung verantwortlich (Stommer S. 118–125). Darüberhinaus hatte sich vor allem die innenpolitische Situation verändert. Die Thingspielidee ist ein Produkt der »Kampfzeit«, soll gewissermaßen werbend die neue Ideologie verbreiten, Anhänger mobilisieren, Macht stabilisieren. In dem Augenblick, da diese Ziele erreicht scheinen, werden neue propagandistische Mittel entwickelt. Stommer analysiert in diesem Zusammenhang einleuchtend die Funktion des Sprechchorverbotes 1936 durch Goebbels (S. 130–134). Der Sprechchor, wesentliches Element des Thingspiels, war ursprünglich ein Stilmittel des kommunistischen Agitprop. Er war von den Nazis mit dem Ziel der Umdeutung bewußt übernommen worden, nach dem Motto: Den Feind mit seinen eigenen Mitteln schlagen; auch sollte er dazu beitragen, den im Parteinamen suggerierten Anspruch auf »Sozialismus« zu propagieren.

Der Sprechchor sollte die ihren Willen kundtuende Volksgemeinschaft repräsentieren. Nach Konsolidierung der Macht mußte nun an die Stelle des Gemeinschaftswillens die Führeridee gesetzt werden. Der Sprechchor wurde schließlich verboten, so wie man sich in der Partei auch von den sozialistischen Ideen der »Kampfzeit« trennte und ihre Vertreter in der Partei liquidierte (Röhm-Putsch). »Die Thingspielbegeisterung ist an die Hoffnung auf die ›zweite Revolution‹ gebunden und dauert so lange wie diese Hoffnung. Sie vergeht, wenn der National-Sozialismus sich als Faschismus enthüllt. Auf dem Parteitag vom September 1934 erklärt Hitler das Ende der Revolution, und damit geht die Ideologie des Thingspiel verloren, nachdem zuvor in der Wirklichkeit die weiterrevoltierende SA entmachtet worden war.« (Menz S. 341).

Rainer Stommer widerspricht der Meinung, daß das Thingspiel gescheitert sei, und sich in diesem Scheitern die Unfähigkeit des Nationalsozialismus gezeigt habe, ein neues Volkstheater zu schaffen. Eine derartige Deutung sei auf das Faschismus- und Totalitarismusverständnis der jeweiligen Kritiker zurückzuführen. Tatsächlich sei zwar wegen fehlender Stücke, baulich-technischer Schwierigkeiten und der heterogenen Vorstellungen der verschiedenen damit befaßten Gruppen die Idee des Thing nicht weiter verfolgt und auch durch Verbote eingeschränkt worden, ihre wesentlichen Elemente seien aber jeweils in diesen Gruppen (z.B. SA, HJ und Laienspiel) weiter gepflegt worden.

Vor allem aber sei es mittels der Thing-Idee gelungen, die Gleichschaltung der verschiedenen interessierten Gruppen im Bereich der Laien- und Freiluftspielgemeinschaften sowie im professionellen Theater voranzutreiben und ihnen die NS-Ideologie nahezubringen. Verbot von Thing und Sprechchor seien dann schließlich weniger auf das künstlerische Scheitern zurückzuführen als auf die innenpolitischen Veränderungen.

Im Bereich der nationalen Festgestaltung beschränkte man sich nun auf einige wenige und dadurch herausragende Ereignisse (z.B. Reichsparteitage). Für kleinere und private Feste (z.B. in Betrieb oder Familie) wurde eine neue Innerlichkeit propagiert, für die, wie gleichzeitig in der Film- und Theaterpolitik, Elemente von Unterhaltung und Ablenkung vom Alltag größere Bedeutung erlangten: »Man öffnete dem Trivialen, das von jeher Feind jeglicher Individualität war, hemmungslos die Bahn. So wie Hitler durch die zur Schau getragene Fürsorglichkeit über seine zerstörerischen Absichten eine Tarnschicht

legte, förderte der Staat jene Literatur, die sich zwar liebens-
würdig gab, aber keinerlei wirkliche seelische Prinzipien, Werte
und Überzeugungen vermittelte. Mehr oder weniger gehobene
Unterhaltungspoesie, auf jeden Fall tendenzfrei, unter anderen
historischen Voraussetzungen der Harmlosigkeit zugerechnet,
wurden für die nationalsozialistische Kulturpolitik zur beherr-
schenden Zweckform. ›Auch die Unterhaltungsliteratur ist
heute staatspolitisch wichtig, wenn nicht sogar kriegsentschei-
dend‹ notierte Goebbels am 8. 2. 1942 in sein Tagebuch. Nicht
das Thingspiel oder die SA-Dichtungen Schumanns, Anackers
oder Böhmes, vielmehr Bücher wie z.B. Rudolf G. Bindings
›Moselfahrt aus Liebeskummer‹ (1944: 367. Tausend) [...] er-
füllten am erfolgreichsten die Aufgabe, durch Zerstreuung oder
säkularisierte Erbauung den Leser vom Widerspruch zum Hit-
ler-Staat frei zu halten.« (Schäfer, S. 111.)

Literatur

Emmerich, Wolfgang: *Zur Kritik der Volkstumsideologie.* Frankfurt
a.M. 1971.
Ketelsen, Uwe Karsten: *Heroisches Theater. Untersuchungen zur Dra-
mentheorie des dritten Reiches.* Bonn 1968. (Literatur und Wirklich-
keit. Bd 2.)
Ketelsen, Uwe Karsten: *Von heroischem Sein und völkischem Tod. Zur
Dramatik des dritten Reiches.* Bonn 1970. (Abhandlungen zur Kunst-,
Musik- u. Literaturwissenschaft. Bd 96.)
Mennemeier, Franz Norbert: *Modernes Deutsches Drama.* Bd 2. Mün-
chen 1975.
Mennemeier, Franz Norbert: *Nationalsozialistische Dramatik.* In:
Deutsche Literatur. Eine Sozialgeschichte. Hrsg. von Horst Albert
Glaser. Bd 9. Reinbek 1983 S. 283–292.
Menz, Egon: *Sprechchor und Aufmarsch. Zur Entstehung des Thing-
spiels.* In: Die deutsche Literatur im Dritten Reich. Themen, Tradi-
tionen, Wirkungen. Hrsg. von Horst Denkler u. Karl Prümm. Stutt-
gart 1976. S. 330–346.
NS-Literaturtheorie. Eine Dokumentation. Hrsg. von Sander L.
Gilman. Frankfurt a.M. 1971. (Schwerpunkte Germanistik. 2.)
Rotermund, Erwin, u. Heidrun Ehrke-Rotermund: *Literatur im »Drit-
ten Reich«.* In: Geschichte der deutschen Literatur vom 18. Jahrhun-
dert bis zur Gegenwart. Hrsg. von Viktor Zmegac. Bd 3. Königstein/
Ts. 1984. S. 318–384.
Schäfer, Hans Dieter: *Das gespaltene Bewußtsein. Über deutsche Kultur
und Lebenswirklichkeit 1933–1945.* 3.Aufl. München 1983.
Stommer, Rainer: *Die inszenierte Volksgemeinschaft.* Marburg 1985.

Wardetzky, Jutta: *Theaterpolitik im faschistischen Deutschland. Studien und Dokumente*. Berlin (DDR) 1983.

Weyergraf, Bernd: *Aspekte faschistischer Demagogie und Volkstümlichkeit*. In: Literaturwissenschaft und Sozialwissenschaft 10: Kunst und Kultur im deutschen Faschismus. Hrsg. von Ralf Schnell. Stuttgart 1978. S. 1–16.

Wulf, Joseph: *Theater und Film im Dritten Reich. Eine Dokumentation*. Frankfurt a.M., Berlin, Wien 1983.

8. Martin Sperr

Mit Martin Sperrs »*Jagdszenen aus Niederbayern*« 1965 (Uraufführung 1966) beginnt die Welle der »Neuen Volksstücke« und zwar gleichzeitig mit der Wiederentdeckung der Stücke Horváths und der Fleißer.

Als Grund für diese Neubesinnung auf das kritische Volksstück wird die politische Situation der Bundesrepublik gesehen (Kässens/Töteberg: Fortschritt; Riewoldt: Sperr, KLG): Ende der Aufbauphase der BRD, Nachlassen des Wirtschaftswachstums, große Koalition zwischen CDU und SPD, Wahlerfolge der NPD und Notstandsgesetzgebung stehen hier als Stichworte. Gleichzeitig und in Zusammenhang damit entstehen die außerparlamentarische Opposition, die Studentenbewegung und damit auch ein neues politisches Bewußtsein der linken Intellektuellen.

Aus deren Erfahrung, wie gering von der Norm abweichende Meinungen und Verhaltensweisen von der Gesellschaft toleriert werden, entsteht das sozial-psychologische Interesse an der Auseinandersetzung mit Kleinbürgertum und Autoritätsgläubigkeit.

Dies findet auch seinen Ausdruck in den Volksstücken der jungen Autoren Sperr, Kroetz und Faßbinder, die zumeist gemeinsam genannt und dargestellt werden.

Deren Besinnung auf die Vorbilder Horváth und FLeißer findet ihren Widerpart im Artikel der Marieluise Fleißer: »*Alle meine Söhne*« 1972.

Volkstheater als Antitheater

Gleichzeitig reagieren die jungen Autoren mit ihrem Theater auch auf die bisherigen Theaterformen, vor allem das absurde

Theater und die Geschichts- und Politikstücke dieser Zeit, indem sie versuchen ein realistisches und wirklichkeitsnahes Gegenwartstheater zu entwickeln. Kroetz stellt seine Stücke z.B. ausdrücklich gegen die »Urschleimtaucherei eines Ionesco oder Beckett«. (Kroetz: Die Schwierigkeiten des einfachen Mannes ...) Während er aber zu dieser Zeit auch noch Brecht in seine Kritik am gegenwärtigen Theater einbezieht, benennt Sperr Brecht ausdrücklich als eines seiner Vorbilder. Befragt über seine Vorstellungen von Theater schreibt er:

»Ich persönlich will nicht zeigen, was gut oder schlecht ist an unserer Zeit, bzw. – da Theater um Menschen geht – an unserer Gesellschaft, sondern was zu verändern ist, was man verändern muß und kann. [...] Mich interessiert, wenn ich ins Theater gehe, nicht die Meinung des Autors zu irgendeinem Problem in Form von Dialogen, sondern die Beziehung der Figuren auf der Bühne zueinander, zur Handlung und ihre Meinungen und wie sie zu diesen Meinungen kommen bzw. gekommen sind.« (Junge Autoren ..., S. 53.)

Vorbilder

Und 1968 schreibt Sperr unter dem Titel »Mit Brecht über Brecht hinaus«:

»Was ich von Brecht gelernt habe: Daß er das Theater methodisch als Spiel begreift, welches Realität darstellt. Daß er bei Berücksichtigung von Umwelteinflüssen mit viel Phantasie tolerant (ohne Wertung von Gut und Böse) Vorgänge komponiert, die verraten, daß der Mensch in seinem Privatleben von der Gesellschaft gehindert wird. Und daß diese Gesellschaft keine mystische Institution ist, sondern veränderbar. Er zeigt mir, daß Gesellschaft keine natürliche Sache ist.« (S. 28 f.)

Diese an Brecht geschulte Intention versucht Sperr in den Stükken der »Bayerischen Trilogie« in jeweils drei verschiedenen Lebensräumen (Dorf, Kleinstadt, Großstadt) und damit verbunden in unterschiedlichen gesellschaftlichen Umfeldern (Bauern / Flüchtlinge; mittelständische Unternehmer / Arbeiter; Spekulanten, Politiker / Studenten) sowie zu unterschiedlichen historischen Zeitpunkten (1949; 1958; 1969) zu verwirklichen.

Nahezu einhellig wird in der zeitgenössischen Kritik wie in der wissenschaftlichen Rezeption vermerkt, daß von Stück zu Stück die Qualität nachlasse, die aufregende Dichtigkeit und Stimmigkeit des ersten Stückes nicht wieder erreicht werde. (Z.B. Müller, Ganschow.) Ernest W.B. Hess-Lüttich sieht die

Ablehnung der Sperrschen Stücke darin begründet, daß Sperr zu objektiv in der Darstellung seiner Figuren ist, daß sie sich nicht schematisch als »gut« und »böse« klassifizieren lassen, sondern daß die Vertreter aller gesellschaftlichen Gruppen auch mit ihren Fehlern gezeigt werden. (Hess-Lüttich: Kommunikation... S. 172 f.)

Daß Sperrs Fortschreiten in Zeit, Raum und sozialem Umfeld zwangsläufig zum Gebrauch neuer Stilmittel führt, scheinen die Kritiker ebensowenig zur Kenntnis genommen zu haben, wie die Regisseure. Henning Rischbieter vermutet anläßlich der Uraufführung von »*Münchner Freiheit*« Horváth-ähnliche Entlarvungen in der Darstellung der Alltagswelt »zugunsten von Sperrs Stück. Jammerschade, daß die Düsseldorfer Aufführung ihnen keine Nahrung gab, sondern ihnen zuwider lief.« (Theater heute. Jg. 12, 1971, H. 4. S. 10.)

Während von den meisten Kritikern Sperrs diese mögliche Diskrepanz zwischen Inszenierung und Stück übersehen wird, versucht Bernd Anton gerade dafür eine Erklärung zu finden: »Insofern jede Inszenierung eine bestimmte Auslegung des Stückes darstellt, reden Autor und Kritiker nicht unbedingt vom selben Gegenstand«. (S. 8.) Anton bemerkt, daß das Komödiantische und eine spezielle Formgebung bei Sperr bisher ebensowenig beachtet wurden, wie der Zusammenhang zwischen den Stücken der »*Bayerischen Trilogie*« und den historischen Stücken Sperrs.

Regionalisierung

Neben der Einordnung Sperrs in die Traditionslinien Brecht-'sches Volksstück einerseits und Horváth-Fleißer'sche Volksstückerneuerung andererseits weist Anton auch hin auf »einen bislang unberücksichtigten Zusammenhang zwischen Regionalismus und Sozialkomödie, der in Bayern offenbar Literaturgeschichte maßgeblich prägt.« Er nennt in diesem Zusammenhang Ruederer, Rosenow, Thoma, Lautensack und Fleißer. (S. 6.)

In dem Spannungsfeld, das sich daraus ergibt, einerseits eine Tradition bayerischer Literatur fortzusetzen, andererseits an eine sozialistische Dramentradition anzuknüpfen, können sehr unterschiedliche szenische Interpretationen der Stücke entstehen, je nach Betonung der regionalistischen oder der kritischen Seite. (Anton, S. 9 f.)

Am Beispiel des Verhältnisses von Öffentlichem und Privatem in Sperrs Stücken beschreibt Anton regionalistische Poetik als ein Verfahren von Konkretisierung: »so formt das Regionalstück fiktive Einzelheiten zu einem unerhörten quasiauthentischen Einzelfall der unmittelbaren Gegenwart oder Vergangenheit.« (S. 17.) »Das Einzelne repräsentiert letztlich ein Allgemeines, Ideelles«. (S. 18.) Auch im Verkennen dieser Technik regionalistischen Schreibens liege die Ursache für manche negative Aufführungskritik, die Sperr mangelnde Analyse und Motivation der Figuren und schwächliche kritische Wirkung vorwirft. (S. 21.)

Das gleiche Mißverständnis einer scheinbar fehlenden gesellschaftlichen Perspektive ergibt sich auch häufig in Bezug auf die Stück-Schlüsse. Viel passiert in den Stücken, aber am Ende hat sich nichts verändert, genau betrachtet ist alles eher schlimmer geworden. (S. 21.) Diese Schlußform steht aber ganz in der Tradition des kritischen Volkstheaters – sie geht mindestens bis auf Nestroy zurück – und soll vom Zuschauer ein Über-das-Ende-hinausdenken verlangen.

In diesen Stück-Schlüssen, die die traditionelle Komödienform parodieren, indem sie sie scheinbar einhalten und dadurch zeigen, daß das vorgeblich gute Ende eben nicht gut ist, liegt nicht nur eine besondere Art von ›unheimlicher Komik‹, sie bergen auch die Gefahr des Mißverständnisses, die Gefahr, daß der Zuschauer nur noch lacht, ohne dieses Lachen zu reflektieren. (Anton S. 29, er zitiert hier Peter Haida S. 154; vgl. auch Poser S. 98 f. u. 104 f.)

›Unheimliche Komik‹ folgt darüber hinaus auch aus der Gestaltung der Figuren, die in Einzelheiten zwar komisch sind, im Ganzen aber schließlich ein tragisches Schicksal erleiden; des weiteren auch aus einer Gestaltung von Stoff und Figuren, die das gesellschaftlich als Norm Anerkannte in Frage stellt, indem Figuren, die die Norm verletzen, ins Recht gesetzt werden. Auch dies ist ein traditionelles Stilmittel des kritischen Volksstücks.

Sprache

Ein konstituierendes Element des Regionalismus ist die besondere sprachliche Gestaltung. Sperr selbst schreibt über die Verwendung des Dialekts (*Plädoyer für eine bayerische Literatur*):

»Das Instrument der wirklichkeitsnäheren Sprache wird benutzt zur Erfassung und Darstellung der sich verändernden gesellschaftlichen Realität. Zum Beispiel werden allgemeine Probleme wie Homosexualität oder Gastarbeiter in der Bundesrepublik plastisch und konkret durch die Festlegung auf ein bestimmtes Milieu, das bedeutet: eine bestimmte Sprache.« (S. 417.)

Eine genauere linguistische Untersuchung von Sperrs Sprache zeigt im Vergleich mit tatsächlich gesprochener Sprache, daß er nur ausgewählte Elemente des Dialekts benutzt und daraus eine Kunstsprache konstruiert, die sich allerdings dadurch auszeichnet, daß sie spontan gesprochener Sprache sehr nahekommt. Außerdem nutzt Sperr die Möglichkeit, auch durch die Sprache seine Figuren zu differenzieren und zu charakterisieren. So erweist er sich auch in der sprachlichen Gestaltung als Beobachter und Beschreiber dessen, was in der Wirklichkeit ist.

»Sperrs sprachliche Psychogramme der ›Sprachlosen‹ sind Diagramme subjektiv erlittener Wirklichkeit, nicht Denunziation oder platte Didaxe, sondern Diagnose; sie sehen : ›So ist es‹ – aber sie enthalten auch immer, unausgesprochen, die beharrlich bohrende Frage: ›Muß es so sein?‹« (Hess-Lüttich: Kommunikation ... S. 170; vgl. auch Betten.)

Literatur:

Sperr, Martin: *Bayerische Trilogie*. Frankfurt a. M. 1975.
Sperr, Martin: *Junge Autoren und das Theater. Erfahrungen und Forderungen: Martin Sperr*. In: Theater 1967. Jahrbuch der Zeitschrift Theater heute. Velber 1967. S. 51–53.
Sperr, Martin: *Mit Brecht über Brecht hinaus*. In: Theater heute. Jg. 9, 1968, H. 3. S. 28 f.
Sperr, Martin: *Plädoyer für eine bayerische Literatur*. In: Bayerisches Lesebuch. Hrsg. von Gerald Deckart u. Günther Kapfhammer. München 1971. S. 415–418.
Anton, Bernd: *Ein Bayerischer Dichter. Zum Theater Martin Sperrs*. In: Studien zur Dramatik in der Bundesrepublik Deutschland. Hrsg. von Gerhard Kluge. Amsterdam 1983. (Amsterdamer Beiträge zur Neueren Germanistik. Bd 16.) S. 1–30.
Betten, Anne: *Sprachrealismus im deutschen Drama von 1966–1981*. Heidelberg 1985. (Monographien zur Sprachwissenschaft. 14.)
Fleißer, Marieluise: *Alle meine Söhne*. In: Theater 1972. Jahrbuch der Zeitschrift Theater heute. Velber 1972. S. 86 f. Auch in: Materialien zum Leben und Schreiben der Marieluise Fleißer. Frankfurt a. M. 1973. S. 405–410.
Ganschow, Uta: *Martin Sperr: Landshuter Erzählungen*. In: Von Lessing bis Kroetz. Hrsg. von J. Berg u.a. Kronberg/Ts. 1979. S. 180–190.

Haida, Peter: *Komödie um 1900. Wandlungen des Gattungsschemas von Hauptmann bis Sternheim.* München 1973.

Hess-Lüttich, Ernest W.B.: *Kommunikation als ästhetisches Problem.* Tübingen 1984. (Kodikas/Code. Supplement 10.)

Kässens, Wend, u. Michael Töteberg: *Fortschritt im Realismus. Zur Erneuerung des kritischen Volksstücks seit 1966.* In: Basis. Jahrbuch für deutsche Gegenwartsliteratur. Bd 6. 1976. Frankfurt a.M. 1976. S. 30–47.

Müller, Gerd: *Das Volksstück von Raimund bis Kroetz.* Die Gattung in Einzelanalysen. München 1979.

Poser, Hans: *Martin Sperr: Bayerische Trilogie. Die Bundesrepublik im Spiegel des Volksstücks.* In: Studien zur Dramatik in der Bundesrepublik Deutschland. Hrsg. von Gerhard Kluge. Amsterdam 1983. (Amsterdamer Beiträge zur Neueren Germanistik. Bd 16.) S. 89–105.

R[ischbieter], H[enning]: *Martin Sperr »Münchner Freiheit«, Düsseldorfer Schauspielhaus.* In: Theater heute. Jg. 12, 1971, H.4. S. 10.

Riewoldt, Otto F.: *Martin Sperr.* In: Kritisches Lexikon der deutschsprachigen Gegenwartsliteratur (KLG). München [Loseblattslg.] (6. Lfg. 1980.)

9. Franz Xaver Kroetz

Franz Xaver Kroetz hat sich häufig zu seinen Stücken und zum Theater im allgemeinen geäußert. Diese Selbstäußerungen im Laufe von 17 Jahren (1970–1987) sind oft widersprüchlich, kennzeichnen in ihren Widersprüchen aber die Entwicklung des Autors, nicht zuletzt auch seine politische Entwicklung, die ihren öffentlichen Ausdruck im Beitritt zur DKP 1972 und im Austritt aus der Partei 1980 findet.

Vorbilder

1974 bezeichnet Kroetz erstmals ein Stück ausdrücklich als »Volksstück« (»*Das Nest*«), er versteht sich aber auch schon vorher als Autor eines neuen Volkstheaters.

An seiner Einstellung zum Volkstheater und in seinem Verhältnis zu Vorbildern lässt sich die Entwicklung von Kroetz deutlich ablesen. Seit etwa 1968 hatte er sich mit den Stücken Ödön von Horváths und Marieluise Fleißers beschäftigt. 1971 beschreibt er in einem Beitrag zum Berliner Horváth-Colloquium Horváths Dramaturgie der Sprachlosigkeit als den

»Punkt der bewußten Geburt eines neuen Volkstheaters«, in dessen Nachfolge er sich sieht (*Horváth von heute für heute,* S.13). Im gleichen Jahr bezeichnet er sich auch als Fleißer-Schüler. (Umfrage im Donau Courier, In: Materialien zum Leben und Schreiben der Marieluise Fleißer. S. 405.) Er analysiert die *»Pioniere in Ingolstadt«* unter dem Aspekt der Sprache der Fleißerschen Figuren in Gegensatz zu denen Brechts und deren Sprachmächtigkeit. (*Liegt die Dummheit auf der Hand?* S. 379 ff.) Drei Jahre später, auf der Suche nach neuen Ausdrucksmöglichkeiten, beginnt er, sich mit Brecht intensiver auseinanderzusetzen (*Über die ›Maßnahme‹ von Bertolt Brecht),* und sagt über Horváth und Fleißer:

»Deren formale, dramaturgische Mittel haben sich heute natürlich erschöpft. Ich konnte nicht einfach mit dem weitermachen, ›was geht‹. Ich mußte eine Entwicklung suchen, die neue Einsicht fordert und formale Möglichkeiten ganz organisch nach sich zieht.« (Interview mit Ursula Reinhold 1976.)

Wiederum 10 Jahre später sieht Kroetz für seine frühen Stücke ganz andere Wurzeln, nämlich den neorealistischen Film der 60er Jahre. In einem Interview sagt er nun:

»Zum Beispiel habe ich furchtbar lange erzählt früher, daß mich Stücke, daß mich Horváth und die Fleißer interessiert haben; erst ganz spät habe ich bemerkt, daß zu der Zeit, wo ich realistisch zu schreiben begann, daß mich da nicht Horváth und die Fleißer interessiert haben, sondern daß ich drei tolle Filme gesehen hatte [...]
Das mit meinen ›Stückfiguren‹ ist sowieso eine Legende. Mich hat niemals das Volk interessiert! Ich habe mein Leben lang nur von mir geschrieben. Es interessiert mich dabei überhaupt nicht, was das Volk denkt.« (Ich habe immer nur von mir geschrieben ... S.87 u. 78.)

Die stete Veränderung der Sichtweise auf das eigene Werk ist sicher auch aus der Wechselwirkung zwischen Autor und Kritik zu verstehen. (Zur Wechselwirkung zwischen Autor und Kritik vgl. Panzner u. Panzer.) Während der Horváth-/Fleißer-Renaissance der frühen 70er Jahre wird der Rückbezug auf diese beiden Autoren nicht nur von den meisten Kritikern fraglos aufgenommen, auch Marieluise Fleißer selbst bezeichnet Kroetz als ihren »liebsten Sohn«: »Er hat am tiefsten gegraben, und ich glaube, er hat am meisten gefunden und es um und um gedreht. Er hat das Eigentliche ›erkannt‹. Ich habe nachhaltig auf ihn gewirkt und bis ins Unterschwellige hinein.« (M. Fleißer: Alle meine Söhne. S. 87.)

Selbstäußerungen

Mit der zunehmenden wissenschaftlichen Beschäftigung mit Kroetz werden aber die Äußerungen von Kroetz selber und die Beziehung zu Horváth und Fleißer genauer hinterfragt:

»Unzweifelhaft besteht zwischen dem, was der ›Politiker‹ Kroetz glaubt und sagt, und dem, was der Dramatiker in Theorie und Praxis zum Ausdruck bringt, kein Verhältnis völliger Kongruenz [...] Die Entstehungszeit seiner frühen Stücke (1967–1970) kommentiert er erst rückblickend, in Kenntnis der ersten kritischen Aufnahme.«

So beginnt Rolf Peter Carl seine Untersuchung und kommt aus der Analyse der theoretischen Äußerungen, der politischen Entwicklung und der Stücke von Kroetz zu dem Ergebnis:

»Seinen zahlreichen Programmerklärungen, Interviews und selbstkritischen Statements ist die Entwicklung seiner politischen Überzeugung (und auch seines Jargons) abzulesen, eine verläßlich Dokumentation des schriftstellerischen Weges bieten sie in ihrer Widersprüchlichkeit nicht Auch Kroetz ist nicht der beste Interpret seiner Werke.« (Carl S. 7.)

Ebenso argumentiert Michael Töteberg: »Kroetz ist gelernter Schauspieler. Er muß sich öffentlich in Szene setzen, Medienauftritte dienen ihm zur marktgerechten Selbstinszenierung [...] Gerade im Fall Kroetz gilt, daß eine Zitaten-Collage nicht die Werkinterpretation ersetzen kann.« (Töteberg S. 284.)

Politik

Bei allen Vorbehalten gegen Kroetz' Selbstäußerungen zeichnet sich in ungefährer Parallele zu diesen und zu seiner politischen Entwicklung auch eine Entwicklung in seinen Stücken ab. »Von der Tragödie der Unfreiheit zum Lehrstück für Werktätige« so kennzeichnet Jürgen H. Petersen diese Entwicklung, die ihren Wendepunkt etwa mit dem DKP-Beitritt von Kroetz hat.

Petersen stellt fest, daß die den frühen Stücken oft zugeschriebene Mitleidsdramaturgie wenig mit traditioneller Mitleidsdramaturgie zu tun hat. Die den frühen Stücken typische ›Sprachlosigkeit‹ der Figuren ist Mittel zu zeigen:

»Sie entbehren des eigentlich Menschlichen, nämlich der Denk- und Handlungsfähigkeit im Sinne der moralischen Selbstbestimmung in einem Maß, daß sie überhaupt nur noch bedingt als Menschen in Betracht kommen. Bei Kroetz begegnen Personen, denen geradezu ihr Wesen vorenthalten blieb: sie erheben sozusagen Anspruch auf das Humane, indem sie dessen Defizit präsentieren.« (Petersen S. 297)

Während die Helden der traditionellen Tragödie den Widerspruch, in dem sie stehen, erkennen und formulieren können, ist in den Kroetz-Stücken die Erkenntnis des Anspruches auf Menschlichkeit, d.h. Selbstrealisation und Selbstbestimmung, allein dem Zuschauer vorbehalten. Das löst zwar eine Mitleidsreaktion aus, die aber nicht in Aktivität gegen die gesellschaftlichen Verhältnisse verwandelt werden kann, da diese nicht als Ursachen gezeigt werden.

Dies wird von Kroetz schließlich als Mangel empfunden und führt zu einer Veränderung in seinen Stücken etwa seit seiner DKP-Mitgliedschaft. Nun versucht er, Aufklärung und Vorschläge zur sozialen Veränderung zu vermitteln. Die Figuren können nun ihre Probleme ausdrücken und analysieren und schließlich auch Lösungsansätze für ihre Probleme entwickeln und vorführen. Höhepunkt dieser Entwicklungsphase sind die Stücke, die Kroetz selbst als »Volksstücke« bezeichnet; Otto Riewoldt nennt daher seine Beschreibung von Kroetz' Entwicklung »Der lange Weg zum Volksstück«.

Petersen und Riewoldt sehen wiederum einen Wandel im Schreiben von Kroetz nach seinem Austritt aus der DKP. Riewoldt zeigt, daß mit den surrealen Momenten in den Stücken seit 1981 Kroetz zu Formen zurückkehrt, die er schon vor seinen ersten Erfolgen erprobt hatte: Vor 1970 hatte Kroetz einige Stücke in Anlehnung an das absurde Theater geschrieben, zum größten Teil dann aber vernichtet.

Das Schlußbild von »*Nicht Fisch nicht Fleisch*« interpretiert Riewoldt als »das Zurück in den Schoß der Familie, dorthin, wo die Frauen als stärkere Menschen zugleich Mütter sind.« Hier drückt sich ein durch alle Kroetz-Stücke zu verfolgendes Moment aus, das Michael Töteberg als konservativ beschreibt: Auf Grund der Sehnsucht nach Familie, Kind und Heimat und der Tendenz zur Technikfeindlichkeit, die sich als Motive durch alle Kroetz-Stücke ziehen, kann man »Kroetz als wertkonservativen Autoren bezeichnen.« Nicht als Reaktionär, aber im Gegensatz zu den Utopien und alternativen Lebensmodellen der Neuen Linken nach 1968, steht Kroetz der traditionalistischen Arbeiterbewegung näher: »Woran seine Figuren sich festzuhalten versuchen, sind konservative Leitbilder« (Töteberg S. 295.)

Die Orientierung an konservativen Leitbildern in der kritischen Auseiandersetzung mit der Wirklichkeit kann als, wenn
nicht konstituierendes, so doch häufiges Element des Volksstücks überhaupt angesehen werden.

Volksstück und Volk

Von den Stücken, die Kroetz selbst als »Volksstücke« bezeichnet, sagt Riewoldt »Diese kritischen ›Volksstücke‹ hatten nun
›Volk‹ zum Inhalt und antizipierten ›Volk‹ als Adressaten« (S.
282). ›Volksstück‹ wird hier definiert als Stück über das Volk
und für das Volk, wobei unter ›Volk‹ die Arbeiterklasse als
Masse der Bevölkerung verstanden wird.

Diese Definition impliziert, daß die frühen Stücke von Kroetz
keine Volksstücke gewesen seien, da die Handlungsträger aus
Randgruppen der Gesellschaft stammten. So argumentiert auch
Herbert Gamper, der den Sprachverlust der Stückfiguren als
Attribut eines ganz bestimmten ganz und gar nicht repräsentati-
ven Milieus sieht; gerade der Naturalismus, mit dem dieses Milieu dargestellt werde, verhindere die Allgemeingültigkeit, die
dem Volksstück eigen sein müsse. (Gamper S. 77.) Gegen die
bedenkenlose Zuordnung der Stückfiguren zu gesellschaftlichen Randgruppen wendet sich Volker Panzer. Die in den Stükken geschilderte ökonomische und soziale Lage der Figuren
und ihr verzweifelter Versuch, sich gesellschaftlichen Normen
und Wertvorstellungen anzupassen, beweist gerade die Allgemeingültigkeit, die die Kritiker zu verdrängen versuchen.
(Panzer S. 52.)

Panzer zitiert Ernst Wendt: »Was am Rande der Gesellschaft
zu spielen scheint, erweist sich durch Kroetzens beharrliche Be-
schreibungswut und seine protokollarische Genauigkeit als ein
repräsentativer Querschnitt, den wir eigentlich nicht so gerne
wahrnehmen möchten.« (Wendt S. 99.)

Auch in den frühen Stücken ist also ›Volk‹ im Sinne einer
breiten Bevölkerungsmehrheit zu verstehen. Der Unterschied
zu den späteren Stücken liegt in den Kommunikationsmöglich-
keiten der Figuren, in der sogenannten ›Sprachlosigkeit‹. Hier
sah Kroetz selbst, wie auch seine Kritiker, die Anknüpfung an
Horváth und Fleißer:

»Kroetz hat, auf den Spuren des Horváthschen Volksstücks, die Einsicht erneuert und weiterentwickelt, daß die eigentliche Enteignung der
Armen dadurch stattfindet, daß man ihnen nicht einmal die Sprache zu-

kommen lässt [...] Da wo seine Menschen nicht mehr hinreden, ge-
schweige denn hindenken können, setzt bei ihm die blanke, nackte, hilf-
lose-hilfreiche Gewalt ein.« (Karasek S.78f.)

Sprache

Auch diese weit verbreitete Ansicht wird heute in Zweifel gezo-
gen: Ernest W.B. Hess-Lüttich untersucht die oft beschworene
Wirklichkeitstreue der Kroetzschen Sprache und zeigt, daß bei
Kroetz eher ein uneinheitlicher Gebrauch mundartlicher Ver-
satzstücke vorliegt als wirklich gesprochener Dialekt. Auch die
Sprachlosigkeit als Ursache für die Misere der Figuren bezweifelt er:

»Der daraus nämlich ableitbare pädagogische Optimismus, mit zunehmender Sprachkompetenz und bequemerem Auskommen würden sich
Bosheit und Ignoranz, Heuchelei und Intoleranz, von denen zum Beispiel Lieber Fritz ›eigentlich‹ handelt, verflüchtigen oder gar in ihr Gegenteil verkehren, dürfte sich als trügerisch erweisen und wird vom Autor selbst offenbar auch nicht (oder nicht mehr) geteilt.« (Hess-Lüttich,
Neo-Realismus... S. 310.)
»Der frühe Kroetz, bestimmt der mittlere, neigt eher dazu, das Mißlin-
gen dialogischer Verständigung zu einem gleichsam mathematischen
Mechanismus von Ursache und Wirkung zu funktionalisieren, der
Nachvollzug fordert, nicht Zweifel einräumt, der Gewißheit bietet,
nicht Ratlosigkeit, der ›Wahrheit‹ modelliert – aber auch Wirklichkeit?«
(Hess-Lüttich: Jagdszenen... S.175.)

Wend Kässens sieht in der Sprachbehandlung von Kroetz Bei-
spiele für das, was »Roland Barthes als ›Diskurs der Macht‹ bezeichnet, einen Diskurs, der Schuld erzeugt und infolgedessen
Schuldgefühle bei dem der ihn aufnimmt« (Barthes, S. 15; Kässens S. 270.) Die Anknüpfung an Horváth sieht Kässens wie
Christian L. Hart Nibbrig als mißglückt an. Während bei
Horváth Pausen im Dialog »sprachlich verschüttete Möglichkeit bewußt machen« und das Schweigen der Figuren Teil ihrer
Kommunikation ist, schweigen die Figuren bei Kroetz für sich
allein, zerbricht an ihrem Schweigen die Kommunikation:
»Daß die Figuren in den Pausen kommunikative Arbeit nicht zu
leisten imstande sind [...] provoziert auch den Zuschauer, anders als bei Horváth, kaum zu fragen, was dabei inwendig
stumm geschieht.« (Hart Nibbrig, S. 208 u. 214.)
 Auch für Hess-Lüttich fehlt der Nachweis der *Inhalts-
schwere* der Pausen in Kroetz' Texten. Wie linguistische Unter-

suchungen gezeigt haben, sind Sprechpausen in der Sprache der Unterschicht eher weniger häufig als z.B. in der Mittelschicht und besondere semantische Funktion im Kroetzschen dramatischen Dialog haben sie auch nicht. (Hess-Lüttich, Jagdszenen... S. 155.)

Während bei Horváths Figuren im Versuch eine Sprache zu sprechen, die nicht die ihre ist, Brüche entstehen, an denen das eigentlich Gemeinte, ihre Wünsche und Sehnsüchte, deutlich wird, haben die Kroetzschen Dramenfiguren seiner späteren Stücke gesellschaftliche Normen und Ansprüche so verinnerlicht, daß sie sich diesen Normen widersprechende eigene Wünsche kaum noch zulassen können:

»So gibt die Dramatik des Franz Xaver Kroetz nachhaltig Auskunft über Beschädigung der menschlichen Seele, hebt sein Realismus die gesellschaftlichen Destruktionen im Menschen hervor und verweist insbesondere auf die Vereinnahmung durch das gesellschaftliche Ich-Ideal, das als Summe von Einflüsterungen anzusehen ist und fast jeglicher Subjektivität entbehrt.« (Käsens, S. 278.)

Wirkung

Über die Möglichkeiten, mit seiner Darstellung von ›Volk‹ und den Zwängen, denen es unterworfen ist, dieses ›Volk‹ auch als Adressaten zu erreichen, hat Kroetz sich nie Illusionen gemacht. In seinen frühen Analysen des Theatersystems der Bundesrepublik zu Anfang der 70er Jahre beschreibt er deutlich, daß das Theater denen, die er in seinen Stücken auf die Bühne stellt, weitgehend verschlossen ist.

Andererseits sieht er auch die Notwendigkeit des staatlich subventionierten Theaters: Es gewährt kritischem Theater zumindest einen eingeschränkten Spielraum, während es ohne solche subventionierten Nischen in unserem Wirtschaftssystem überhaupt keine Chancen hätte. Nur der Illusion, mit diesem Theater neue Publikumsschichten zu erschließen, darf man sich nicht hingeben. Eine Alternative wäre da eher das Fernsehen. Dort aber wird unter dem Zeichen ›Volkstheater‹ nur Volksverdummung betrieben:

»Das Theater für das Volk sitzt weiterhin zwischen zwei Stühlen: entweder hat es die Massen, dann funktioniert es gegen die Interessen derselben, oder es hat sie nicht, dann funktioniert es, auch wenn es auf dem richtigen Dampfer ist, bloß als Insider-Scherz der Intellektuellen, die zum Wohlfühlen und zur Werbung halt einen Renommierproleten brauchen, privat oder im Job. Man muß sich damit abfinden: Theater an sich ist nun mal eine Spezies derer, die es sich leisten können, sowohl finanziell als auch sozial.« (Kroetz: Soll der Kumpel Abonnent werden..., S. 543.)

Konsequenz wäre die Veränderung der Medien oder der Gang in die Politik, den Kroetz dann auch vollzieht: »Ich säße lieber in Bonn im Bundestag« sagt er in einem Interview 1973: »Ein Schriftsteller, der sich also für die Tagespolitik zu schade ist, der ist sich für sein Volk zu schade.«

Heute, da Politik ihn kaum noch interessiert, sieht er die Wirkungslosigkeit des Künstlers als ein allgemein gesellschaftliches Problem: »Es gibt andere Länder, wo Dichter einen anderen Stellenwert haben. Hier in dieser Scheißrepublik haben wir Null-Stellenwert« (Interview 1985).

Volkstheaterhaft sind die Stücke von Kroetz, weil sie das Volk mit seinen Problemen in kritischer Absicht auf die Bühne bringen. Da aber der Adressat ›Volk‹ auf diese Weise nicht erreicht werden kann, bleibt Volkstheater auch bei Kroetz nur Intention.

Literatur

Kroetz, Franz Xaver: *Gesammelte Stücke.* Frankfurt a.M. 1975.

Kroetz, Franz Xaver: *Liegt die Dummheit auf der Hand?* Süddeutsche Zeitung 21./22. Nov. 1971. In: Materialien zum Leben und Schreiben der Marieluise Fleißer. Frankfurt a.M. 1973. S. 379–386.

Kroetz, Franz Xaver: *Horváth von heute für heute: Der Dramatiker Franz Xaver Kroetz.* In: Theater heute. Jg. 12, 1971. H.12. S. 13f. Auch in: Über Ödön von Horváth. Hrsg. von Dieter Hildebrandt u. Henning Krischke. Frankfurt a.M. 1972. S. 91–95.

Kroetz, Franz Xaver: *Soll der Kumpel Abonnent werden? Über das Volks- und Arbeitertheater.* In: Franz Xaver Kroetz: Weitere Aussichten ... Ein Lesebuch. Köln 1976. S. 541–547. Unter dem Titel: ›Braucht das Volk ein Theater‹ auch in: Spielplatz 1. Jahrbuch für Theater 71/72. Berlin 1972. S. 13–16.

Kroetz, Franz Xaver: *Die Schwierigkeiten des einfachen Mannes. Interview mit Lutz Volke.* In: Sonntag, Berlin (DDR), 30.3.1975.

Kroetz, Franz Xaver: *Über ›Die Maßnahme‹ von Bertolt Brecht.* In: Kürbiskern, 10, 1975. H.4. S. 99–110.

Reinhold, Ursula: *Interview mit Franz Xaver Kroetz.* In: Weimarer Beiträge. Jg. 21, 1976. H. 5. S. 47–59.

Kroetz, Franz Xaver: *»Ich habe immer nur von mir geschrieben. Dem Volk hab' ich nie aufs Maul geschaut. Das Volk hat mich nie wirklich* *interessiert.« Peter von Becker u. Michael Merschmeier im Gespräch mit Franz Xaver Kroetz.* In: Theater 1985. Jahrbuch der Zeitschrift Theater heute. S. 72–87.

Töteberg, Michael: *Bibliographie Franz Xaver Kroetz.* In: Franz Xaver Kroetz. Hg. von Otto Riewoldt. Frankfurt a.M. 1985. S. 325–373.

Barthes, Roland: *Leçon/Lektionen.* Frankfurt a.M. 1980.

Carl, Rolf Peter: *Zur Theatertheorie des Stückeschreibers Franz Xaver Kroetz.* In: Text u. Kritik. H. 57, 1978. S. 1–7.

Fleißer, Marieluise: *Alle meine Söhne.* In: Theater 1972. Jahressonderheft von Theater heute. S. 86 f. Auch in: Materialien zum Leben und Schreiben der Marieluise Fleißer. Frankfurt a.M. 1973. S. 405–410.

Franz Xaver Kroetz. Hrsg. von Otto Riewoldt. Frankfurt a.M. 1985.

Franz Xaver Kroetz. Text und Kritik. H. 57. München 1978.

Gamper, Herbert: *Horváth und die Folgen – Das Volksstück.* In: Theater 1971. Jahressonderheft von Theater heute. S.73–77.

Hart Nibbrig, Christian L.: *Das stille Reden des Unter-Sagten: Horváth und Kroetz.* In: Hart Nibbrig: Rhetorik des Schweigens. Frankfurt a.M. 1981. S. 199–214.

Hess-Lüttich, Ernest W.B.: *Jagdszenen in Deutschland – oder Realität und Neo-Realismus. ›Sprachnot‹ und Kommunikationskritik bei Kroetz und Sperr.* In: Hess-Lüttich: Kommunikation als ästhetisches Problem. Tübingen 1984. (Kodikas/Code. Supplement 10.) S. 137–182.

Hess-Lüttich, Ernest W.B.: *Neo-Realismus und sprachliche Wirklichkeit. Zur Kommunikationskritik bei Franz Xaver Kroetz.* In: Franz Xaver Kroetz. Hg. von Otto Riewoldt. Frankfurt a.M. 1985. S. 297–318.

Karasek, Hellmuth: *Die Sprache der Sprachlosen.* In: Theater 1971. Jahressonderheft von Theater heute. S. 78 f.

Kässens, Wend: *Wer durchs Laub geht kommt darin um. Zur Sprachbehandlung und zu einigen Motiven in den Dramen von Franz Xaver Kroetz.* In: Franz Xaver Kroetz. Hg. von Otto Riewoldt. Frankfurt a.M. 1985. S. 262–283.

Panzer, Volker: *Franz Xaver Kroetz und die Kritiker. Bemerkungen zur Kroetz-Rezeption.* In: Text und Kritik. H. 57, 1978. S. 49–56.

Panzner, Eva-Louise: *Franz Xaver Kroetz und seine Rezeption. Die Intentionen eines Stückeschreibers und seine Aufnahme durch die Kritik.* Stuttgart 1976.

Petersen, Jürgen H.: *Franz Xaver Kroetz. Von der Tragödie der Unfreiheit zum Lehrstück für Werktätige.* In: Studien zur Dramatik in der Bundesrepublik Deutschland. Hg. von Gerhard Kluge. Amsterdam 1983. (Amsterdamer Beiträge zur Neueren Germanistik. Bd 16.) S. 291–312.

Riewoldt, Otto F: *Der lange Weg zum Volksstück.* In: Studien zur Ästhetik des Gegenwartstheaters. Hrsg. von Christian W. Thomsen. Heidelberg 1985. S. 268–291.

Thiériot, Gérard: *Franz Xaver Kroetz et le nouveau théâtre populaire*. Bern, Frankfurt a.M., New York, Paris 1987. (Contacts: Sér. 1, Theatrica. 4.)

Töteberg, Michael u. Uli Voskamp: *Franz Xaver Kroetz*. In: Kritisches Lexikon zur deutschsprachigen Gegenwartsliteratur (KLG). München. (23. Lfg. 1986.) [Loseblattsammlung.]

Töteberg, Michael: *Ein konservativer Autor*. In: Franz Xaver Kroetz. Hg. von Otto Riewoldt. Frankfurt a.M. 1985. 284–296.

Wendt, Ernst: *Moderne Dramaturgie*. Frankfurt a.M. 1974.

Literatur

Das Literaturverzeichnis enthält die umfassenderen Darstellungen sowie die wichtigsten Sammelwerke, aus denen Aufsätze zitiert wurden. Vollständige Literaturangaben zum jeweiligen Komplex befinden sich am Ende jedes Abschnitts.

1. Voksstück und Volkstheater allgemein

Aust, Hugo; Peter Haida, Jürgen Hein: *Volksstück. Vom Hanswurstspiel zum sozialen Drama der Gegenwart.* München 1989.
Bradby, David; John McCormick: *People's Theatre.* London 1978.
Formen der Literatur in Einzeldarstellungen. Hrsg. von Otto Knörrich. Stuttgart 1981.
Handbuch des deutschen Dramas. Hrsg. von Walter Hinck. Düsseldorf 1980.
Kleiner Mann was tun. 3. Duisburger Akzente. Vorträge. Duisburg 1979.
Klotz, Volker: *Bürgerliches Lachtheater. Komödie, Posse, Schwank, Operette.* München 1980.
Müller, Gerd: *Das Volksstück von Raimund bis Kroetz. Die Gattung in Einzelanalysen.* München 1979.
Theater und Gesellschaft. Das Volksstück im 19. und 20. Jahrhundert. Hrsg. v. Jürgen Hein. Düsseldorf 1973. (Literatur in der Gesellschaft 12.)
Volk – Volksstück – Volkstheater im deutschen Sprachraum des 18.–20. Jahrhunderts: Akten des Kolloquiums 12.–13. Nov. 1982. Hrsg. von Jean-Marie Valentin. Bern, Frankfurt a.M., New York 1986. (Jahrbuch für internationale Germanistik. Reihe A, Bd. 15.)

2. Österreichisches Volkstheater

Bauer Roger: *Laßt sie koaxen, Die kritischen Frösch' in Preußen und Sachsen! Zwei Jahrhunderte Literatur in Österreich.* Wien 1977.
Bärnthaler, Monika: *Der gegenwärtige Forschungsstand zum österreichischen Volksstück seit Anzengruber.* Phil. Diss. Graz 1976.
Das österreichische Volksstück. Hrsg. vom Inst. f. Österreichkunde. Wien 1971.

Das österreichische Volkstheater im europäischen Zusammenhang. 1830–1880. Akten des Kolloquiums Dezember 1984. Hrsg. von Jean-Marie Valentin. Bern, Frankfurt a.M., New York 1988. (Contacts. Ser. 1: Theatrica 5.)

Deutsche Literatur. Eine Sozialgeschichte. Hrsg. v. Horst Albert Glaser. Bd 7.: Vom Nachmärz zur Gründerzeit: Realismus 1848-1880. Reinbek 1982.

May, Erich Joachim: *Wiener Volkskomödie und Vormärz.* Berlin (DDR) 1975.

Rommel, Otto: *Die Alt-Wiener Volkskomödie.* Wien 1952.

Sengle, Friedrich: *Biedermeierzeit.* Deutsche Literatur im Spannungsfeld zwischen Restauration und Revolution. 1815-1848. Bd 1–3. Stuttgart 1970–1980.

Yates, W. Edgar: *The Idea of › Volksstück‹ in Nestroy's Vienna.* In: German Life and Letters. Vol. 38, 1985. S. 462–473.)

3. Volksstück der 20er Jahre

Das deutsche Drama vom Expressionismus bis zur Gegenwart. Hrsg. von Manfred Brauneck. 3. Aufl. Bamberg 1977.

Deutsche Literatur. Eine Sozialgeschichte. Hrsg. v. Horst Albert Glaser. Bd 9: Weimarer Republik – Drittes Reich: Avantgardismus, Parteilichkeit, Exil. 1918–1945. Reinbek 1983.

Mennemeier, Franz Norbert: *Modernes Deutsches Drama.* Kritiken u. Charakteristiken. Bd 2. München 1975.

4. Erneuerung des Volksstücks seit 1966

Bügner, Torsten: *Annäherungen an die Wirklichkeit: Gattungen u. Autoren des neuen Volksstücks.* Frankfurt a.M., Bern, New York 1976. (Europäische Hochschulschriften. R. 1, Bd. 881.)

Dach, Thomas von: *Das moderne Volksstück.* Zürich, Phil.Diss. 1978.

Gamper, Herbert: *Horváth und die Folgen – das Volksstück? Über neue Tendenzen im Drama.* In: Theater 1971. Jahressonderheft von Theater heute. Velber 1971. S. 73–77.

Kässens, Wend, u. Michael Töteberg: *Fortschritt im Realismus. Zur Erneuerung des kritischen Volksstücks seit 1966.* In: Basis. Jahrbuch für deutsche Gegenwartsliteratur. Bd 6. 1976. Frankfurt a.M. 1976. S. 30–47.

Politisches Volkstheater der Gegenwart. Fotomech.Nachdr. Berlin 1981. (Studienhefte SH 45.)

Studien zur Ästhetik des Gegenwartstheaters. Hrsg. v. Christian W. Thomsen. Heidelberg 1985.

Studien zur Dramatik in der Bundesrepublik Deutschland. Hrsg. von
  Gerhard Kluge. Amsterdam 1983. (Amsterdamer Beiträge zur Neue-
  ren Germanistik. Bd 16.)
Von Lessing bis Kroetz. Hrsg. von J. Berg u.a. Kronberg/Ts. 1979.

Register

Sammlung Metzler

J. B. Metzler

Printed in the United States
By Bookmasters